MADELEINE DELBRÊL

AUFTRAG DES CHRISTEN IN EINER WELT OHNE GOTT

THEOLOGIA ROMANICA

XXIV

MADELEINE DELBRÊL

AUFTRAG DES CHRISTEN

IN EINER WELT OHNE GOTT

JOHANNES

Der Text der Originalausgabe lautet
VILLE MARXISTE – TERRE DE MISSION
Les Éditions du Cerf, Paris 1970.
Erste deutsche (Teil-)Übertragung von Hermann Josef Bormann,
Josef Knecht Verlag, Frankfurt am Main 1974.

Die im vorliegenden Text ebenfalls nach der Ausgabe von 1970
ergänzten Teile zu Beginn und am Schluß des Buches wurden
übersetzt von Ruth Disse u.a.
Zweite französische Ausgabe bei Desclée de Brouwer, Paris 1995.

Vorwort von Katja Boehme

Das Bild auf dem Umschlag: Georges Rouault,
Le Christ dans la banlieue (1920-1929)

Druck: Offizin Chr. Scheufele, Stuttgart
ISBN 3 89411 356 1

INHALT

VORSPANN

ERSTER TEIL
AUSGEHEND VON IVRY

INHALT

ZWEITER TEIL

BEGEGNUNGEN ZWISCHEN CHRISTEN UND MARXISTEN IN JÜNGSTER ZEIT

DRITTER TEIL

ZURÜCK NACH IVRY

ANHANG

VORWORT

Mehrere Jahre hatte der innere Weg gedauert, der Madeleine Delbrêl von einer stürmischen Bekehrung von einem intellektuellen Atheismus, den sie mit 19 Jahren erlebte, zur Entscheidung heranreifen ließ, nicht in einen Karmel, sondern mitten in der Welt ein bewußt christliches Leben nach den evangelischen Räten zu leben. Ein Studium der Philosophie, Geschichte und Kunst hatte sie abgebrochen, um Sozialarbeiterin zu werden.

Mit zwei Freundinnen bestieg Madeleine Delbrêl am Festtag der hl. Teresa von Avila 1933 mit bescheidenen Koffern und einer Marienstatue die Straßenbahn, um der Weltstadt Paris für immer den Rücken zu kehren. «Man hatte mir gesagt, die Leute in Ivry seien ungläubig *und arm»*[1] *– das war ihre Motivation, in die südöstlich von Paris gelegene Arbeitervorstadt Ivry zu ziehen. Damals konnte sie noch nicht ahnen, daß sie später zu den Ersten gerechnet werden sollte, die in Frankreich das Arbeitermilieu als Missionsfeld entdeckten. Ebensowenig konnte sie wissen, daß sie in Ivry ausgerechnet in die Hochburg des französischen Kommunismus geraten war, in die einzige Stadt Frankreichs, die seit 1925 bis auf den heutigen Tag ununterbrochen eine kommunistische Verwaltung hat.*

Mit ihrer Entscheidung, in einer sozial benachteiligten und atheistischen Umgebung die Berufung der Taufe zu leben, gab Madeleine Delbrêl ganz bewußt ihre künstlerischen und literarischen Interessen auf – und das, obwohl sie schon in ihrem 23. Lebensjahr einen vielversprechenden französischen Literaturpreis zuerkannt bekommen hatte. Neben ein paar Gelegenheitsschriften, die sie für die Fortbildung von Sozialarbeiterinnen verfaßte, hat sie kaum mehr einen Text oder ein Gedicht für die Veröffentlichung geschrieben. Alles, was wir inzwi-

[1] Auftrag des Christen (= AdC), 48.

schen in fünf Bänden und in mehr als acht Sprachen übersetzt von ihr besitzen, ist von ihren Freunden nach ihrem Tod herausgegeben worden[2] *– bis auf eine Ausnahme: Ville marxiste, terre de mission, das hier vorliegende Buch. Es ist, wie der Untertitel der Originalausgabe verrät – in den Jahren 1933 bis 1957 entstanden und erschien 1957 in derselben Reihe wie der erschütternde Bericht der Arbeiterpriester Henri Godin und Yvan Daniel, «Frankreich – Missionsland?» (1943) und das bekannte Werk des Gründers der Kleinen Brüder Jesu, René Voillaume: «Mitten in der Welt» (1950).*

Was aber hat Madeleine Delbrêl bewogen, trotz ihres bewußten Verzichts auf schriftstellerische Arbeit dennoch ein Buch zu schreiben?

Grundlage ihres Werks sind zahlreiche Vorträge, zu denen sie von verschiedenen katholischen Gruppierungen eingeladen wurde, um über ihre seit 1933 gesammelten Erfahrungen ihres engagiert christlichen Apostolats in einem kommunistischen Arbeitermilieu zu sprechen. Um zu verhindern, daß die verschiedenen Mitschriften und Aufzeichnungen über ihre Vorträge, die Anfang der fünfziger Jahre in unterschiedlicher Qualität kursierten, nicht als Aufruf zu einer undifferenzierten Solidarisierung mit den Kommunisten mißverstanden werden, entschied sich Madeleine Delbrêl dazu, ihre Vorträge in Form eines Buches zu veröffentlichen. Ihr war bewußt, daß sie damit zugleich auch gegenüber ihren Freunden unter den Kommunisten ein deutliches christliches Zeugnis setzte. Aber noch eine weitere Absicht verband sie mit der Veröffentlichung ihres Erfahrungsberichtes: Sie wollte aus französischer Perspektive die Notwendigkeit eines Apostolats unter den als gefährlich eingestuften Kommunisten in Rom verständlich machen. So begleitete Mgr. Louis Veuillot – der spätere Kardinal von Paris – von Anfang an die Entstehung von Ville marxiste *und ließ Madeleine Delbrêl Formulierungen wissen, die «für römische Ohren»*[3] *besser verständlich waren. Indirekt nahm Madeleine Delbrêl mit ihren Ausführungen auch Stellung zu der Diskussion um die französische Arbeiterpriesterbewegung.*

[2] In deutscher Sprache sind im Johannes Verlag Einsiedeln, Freiburg, von Madeleine Delbrêl bisher erschienen: Gebet in einem weltlichen Leben, Einsiedeln 1974, Freiburg [5]1993; Wir Nachbarn der Kommunisten. Diagnosen, Einsiedeln 1975 (im folgenden zitiert als NK); Frei für Gott. Über Laien-Gemeinschaften in der Welt, Einsiedeln 1976.

[3] So Veuillot in einem Brief vom 11.2.1955 an Madeleine Delbrêl.

Im selben Jahr, in dem sie den Entschluß faßte, aus ihren Aufzeichnungen ein Buch zu fertigen, wurde den Arbeiterpriestern vom Vatikan ein Ultimatum gesetzt – ein harter Schlag für die Arbeiterpriester, die sich an den Fließbändern von Renault oder in den Häfen von Marseille mit den bitteren Lebensumständen der Abeiterbevölkerung solidarisieren wollten, aber wegen verschiedener Vorfälle, die aus ihrer z.T. unkritischen Idealisierung des Marxismus erwachsen waren, in Verruf gekommen waren. Statt einer falschen Idealisierung oder einer ängstlichen Distanzierung im Verhältnis zu den Kommunisten wies Madeleine Delbrêl mit Ville marxiste *auf die Dringlichkeit eines überzeugenden Apostolats hin, das sich an den Kriterien des Evangeliums und der Kirche zu messen habe.*

Arbeitermission und Arbeiterpriester bilden heute keinen Grund mehr für Differenzen innerhalb der Kirche. Aber für die Art und Weise, sich zu innerkirchlichen Spannungen zu verhalten, sie weder als selbstverständlich hinzunehmen noch zersetzender Kritik auszusetzen, gibt Madeleine Delbrêl mit dem vorliegendem Buch auch für heute gültige Anstöße:

Ohne billig zu harmonisieren, vermittelte sie zwischen gegensätzlichen Positionen, indem sie um der Einheit der Kirche willen bei der jeweils anderen Partei Verständnis für die andere Position zu wecken versuchte und dabei die eigene Einsamkeit in Kauf nahm. So schrieb sie für Rom Ville marxiste, *an die Mission de France einen zehnseitigen Brief,*[4] *in welchem sie für den «mütterlichen Spürsinn Roms» warb.*

Die engagierte Christin von Ivry mußte erleben, daß ihre Bemühungen scheinbar vergeblich waren: Zwei Jahre nach der Veröffentlichung von Ville marxiste *wurde 1959 das Experiment der Arbeiterpriester von Rom aus endgültig verboten. Die Rehabilitierung der Arbeiterpriester auf dem II. Vatikanischen Konzil*[5] *sechs Jahre später hat sie nicht mehr erlebt.*

4 Veröffentlicht in: Marianne Heimbach-Steins, Unterscheidung der Geister – Strukturmoment christlicher Sozialethik dargestellt am Werk Madeleine Delbrêls, ICS-Schriften 31, Münster 1994, 277-287. Vgl. dazu auch Katja Boehme, Gott aussäen. Zur Theologie der weltoffenen Spiritualität bei Madeleine Delbrêl, Würzburg 1997, 137ff.

5 Presbyterorum Ordinis 8.

Auch diese Erschütterungen in der Kirche sind inzwischen Geschichte. Dennoch vermag die Reaktion Madeleine Delbrêls auf ihre vergeblichen Bemühungen ein auch für heute gültiges Zeugnis der Loyalität zur Kirche zu geben. Im Unterschied zu einem nicht geringen Teil der Arbeiterpriester (etwa die Hälfte hielt sich nicht an das Verbot der Kurie) hob Madeleine Delbrêl nachdrücklich hervor, daß der Christ nicht in der Nachfolge des Evangeliums stehen kann, ohne zugleich mit der nicht nur pneumatisch verstandenen, sondern sichtbaren Kirche eins zu sein. Denn – und dieses johanneische Anliegen (vgl. Joh 17,23) scheinen ihr gerade die Kommunisten nahegebracht zu haben – nur das einheitliche Zeugnis hat Überzeugungskraft: «Wenn wir um des Dialogs mit den Ungläubigen willen die christliche Einheit verletzen, so ziehen wir es vor, nur ein fernes Echo Christi zu vermitteln statt Christus in seinem wesentlichen Sakrament: den untereinander geeinten Christen.»[6] *Nie setzte sie daher einen Trennungsstrich zwischen den Laien und der sogenannten «Amtskirche». Christsein und Kirchesein bilden für Madeleine Delbrêl eine Einheit: «Wir sind nicht Kirche, wenn wir nicht die ganze Kirche sind: jedes Glied gehört zum gesamten Leib. Und wir sind die ganze Kirche nur, wenn wir in ihr an unserem exakten Platz stehen, was nichts anderes heißt als: an unserem Platz in der Welt, wo Kirche sich durch uns hindurch vergegenwärtigt.»*[7]

Mit Ville marxiste *gibt Madeleine Delbrêl ein Beispiel für ihre Forderung, daß die Christen ihre Erfahrungen, die sie am Puls der Welt machen, an die Verantwortlichen in der Kirche weitergeben sollen. Sie kritisierte die Haltung, «daß wir gegenüber dem, was wir die Autorität nennen, bald wie Fetischisten, bald wie Liberale reagieren. Wir lassen das, was wir von der Welt antreffen und kennenlernen, nicht zu den Bischöfen zurückfließen. Oder wir gehorchen wie ein Soldat zweiter Klasse oder legen bestenfalls unsere Desiderata vor, um sie unterzeichnen zu lassen. Aber die Eindrücke der Augen, die Wahrnehmungen usf. vermitteln wir nicht zum Gehirn.»*[8] *– Der konkrete Anlaß von* Ville marxiste *mag an Aktualität verloren haben, als Beispiel für die Aufgabe des Laien, Verantwortung in der Kirche zu übernehmen, in-*

[6] NK 94. [7] NK 93. [8] NK 112f.

dem an der Basis gemachte Erfahrungen an die Bischöfe weitergeleitet werden, ist es ein brennendes Zeugnis.

Hinter dem Bemühen um die Einheit in der Kirche steht das Grundanliegen Madeleine Delbrêls, das Glück, das Gott ihr bedeutete, auch anderen Menschen zu vermitteln – und damit ist ein weiteres aktuelles Anliegen des Buches angesprochen. Denn es gilt, das «einzige absolute Glück des Menschen zu verkünden, das alle anderen Glückseligkeiten relativiert und doch mehrt – Gott».[9] *Was «das Elend des Atheismus» an Leiden darstellte, wußte sie aus eigener Erfahrung, wie sie gleich auf den ersten Seiten des vorliegenden Buches bekennt.*[10] *Scharf und in aller Konsequenz hatte sie in ihrer Jugend den neuzeitlichen Atheismus durchdacht und durchlebt: «Gott ist tot, es lebe der Tod» hatte sie mit 17 Jahren geschrieben.*[11]

Ihren Weg zum Glauben hatte sie mit zwanzig Jahren als «gewaltsame» Bekehrung erlebt – als einen Übergang «vom Tod zum Leben».[12] *Um so mehr forderte sie von allen Christen die Begeisterung von Neubekehrten, um das «Leben allen Lebens»*[13] *auch anderen Menschen vermitteln zu können. Dabei hat ihre Kritik an den Christen von damals auch heute nichts an aktueller Brisanz verloren: «Wo Anlaß zur Verkündigung ist, diskutieren wir über Ideen, statt ein Lebendiges zu bezeugen. Wir verkünden keine gute Nachricht, weil das Evangelium keine Neuigkeit mehr für uns ist, wir sind daran gewohnt, es ist für uns eine alte Neuigkeit geworden. Der lebendige Gott ist kein ungeheures, umwerfendes Glück mehr; er ist ein Gesolltes geworden.»*[14]

Nie hätte Madeleine Delbrêl den Atheismus ihrer Zeit und ihrer Stadt als selbstverständliche Tatsache hinnehmen können, als etwas, an das man sich gewöhnt. Ebensowenig konnte sie die Haltung teilen, die im sogenannten «Kommunistendekret» des Heiligen Offiziums vom 1.7.1949 vertreten wurde: die Kirche hätte sich vor dem Kommunismus zu schützen, weil er eine Gefahr für den Glauben bedeute. Sie formulierte hingegen in einer noch heute gültigen Form – und führt diesen Gedanken auf S. 158 weiter aus –, daß «dieser Schein eines Glaubens, der zu schwach wäre, um den Kontakt mit einem Atheismus

[9] AdC 194. [10] AdC 48. [11] Vgl. NK 42-44.
[12] NK 173. [13] NK 238. [14] NK 238.

zu ertragen, zerstört werden muß: der Glaube ist dazu da, die Welt zu besiegen, wo er besiegt scheint, geht es nicht um den Glauben als solchen, sondern um unser Glaubensleben, dem ein Stück gefehlt hat»[15].

Eine solche Auffassung behält auch heute ihre Gültigkeit, denn sie weiß den eigenen Glauben durch den Atheismus herausgefordert. Ihrem letzten Vortrag – sie starb 1964 überraschend an einem Schlaganfall – gab sie daher den Titel: «Atheistische Umwelt als günstige Voraussetzung für unsere eigene Bekehrung»[16]*. Ähnlich wie dieser Vortrag sind auch ihre in vorliegender Auflage veröffentlichten «Gedanken zur Gerechtigkeit» eines der seltenen Zeugnisse, in denen sie dem Leser Biographisches offenbart.*

So ermöglicht das vorliegende Werk sowohl einen Einblick in das Denken, als auch in das Leben dieser engagierten Christin, die Hans Urs von Balthasar «zu den bedeutendsten Frauen unseres Jahrhunderts» zählt.

Katja Boehme

[15] NK 262. [16] NK 261-274.

ZU DIESER AUSGABE

Der vorliegende Band vermittelt dem deutschsprachigen Leser – erstmals in seinem vollen Umfang – das einzige von Madeleine Delbrêl selber als Buch verfaßte und durchkomponierte Werk «Ville marxiste terre de mission».

1957 in Paris erschienen, wurde es 1970 ein erstesmal, 1995 ein zweitesmal, kaum verändert, in Paris neu herausgegeben. 1974 veröffentlichte der Verlag Knecht, Frankfurt, unter dem Titel «Christ in einer marxistischen Stadt» eine erste deutsche Übertragung der mittleren drei Hauptteile des Buches (I. Ausgangspunkt Ivry; II. Über Begegnungen zwischen Christen und Marxisten in jüngster Zeit; III. Zurück nach Ivry). Diese bilden das Mittelstück der vorliegenden Neuausgabe, die den fehlenden Anfang und den Anhang nach der französischen Ausgabe von 1970 ergänzt[1] und sich ihr auch in der Textgestaltung angleicht.

Sie enthält also den in der ersten deutschen Ausgabe (1974) weggelassenen «Vorspann» (Avant-lecture[2]), worin die Verfasserin Ursache und Zweck ihrer Veröffentlichung erklärt, sowie – als Anhang[3] – einige ergänzende Gedanken und Notizen zum Thema des Buches, sowie zwei im III. Teil weggelassene Texte. Das ganze Dokument sieht Madeleine Delbrêl, nach genügender Einarbeitung in die Materie, als ein apostolisches Arbeitsinstrument.

Der kleine Briefwechsel zwischen Madeleine Delbrêl und ihrem marxistischen Freund, der erstmals der Ausgabe von 1970 als Ein-

[1] Vgl. S. 161-171 und 229-234 der frz. Ausgabe von 1970; S. 133-141 und 188-192 der frz. Ausgabe von 1995 (hier S. 127–134 und 178 unten - 182).

[2] Vgl. S. 39-52 der frz. Ausgabe von 1970; S. 35-43 in derjenigen von 1995 (hier S. 33-43).

[3] Vgl. S. 241-266 der frz. Ausgabe von 1970; S. 197-212 in derjenigen von 1995 (hier S. 187-202).

leitung vorangestellt wurde, ist auch hier (wie in der dritten französischen Ausgabe von 1995) in gleicher Funktion und als eine selten glückliche praktisch-existentielle Einführung übernommen worden.

Was Madeleine Delbrêl hier vermitteln möchte, ist nicht an die darin vorgestellte historisch-ideologische, nunmehr überholte Kulisse gebunden, es ist der nicht zu unterdrückende, in immer neuen Formen aufbrechende Radikalismus des christlichen Glaubens, der schließlich jede noch so fremde Ideologie zu unterfangen und an der ihr zukommenden Stelle einzuordnen vermag.

Vorsatzblatt zur französischen Erstausgabe von 1957

Dieses Buch wurde für Christen verfaßt. Ich widme es den Christen, die es lesen werden.

Dieses Buch redet von Kommunisten. Den Kommunisten, die es vielleicht lesen werden, widme ich die Seiten, auf welchen sich die Freundschaft, die mich mit manchen von ihnen verbindet, bestätigt, trotz der Uneinigkeit im Grundsätzlichen, von der wir – die einen wie die anderen – überzeugt sind.

Diese beidseitige Überzeugung nimmt mir die Sorge vor den Reaktionen eines Marxisten bei der Lektüre des größten Teiles dieses Buches: Wenn er selber Aktivist ist, wird er meine Absicht verstehen, seine Doktrin ausdrücklich von meinem Glauben zu unterscheiden. Er wird einsehen können, daß ich ebenso sehr, wie ich die Kommunisten liebe, mir auch wünsche, sie möchten an dem teilhaben, was für mich das höchste Glück bedeutet.

Für den dritten Teil dieses Buches kann ich mir hingegen einen solchen Leser kaum vorstellen. Er geriete dort auf völlig fremdes Gelände.

Anstelle einer Einleitung

Briefwechsel zwischen Madeleine Delbrêl und einem ihrer marxistischen Freunde (1957-1960)

Mit freundlicher Genehmigung von Herrn Venise Gosnat geben wir hier – anstelle einer Einführung – eine Reihe von Briefen wieder, die Madeleine Delbrêl mit ihm ausgetauscht hat.

Während 40 Jahren Adjunkt des Bürgermeisters von Ivry – dann Bürgermeister ehrenhalber – war er von 1944–46 Madeleines Vorgesetzter.

Eine bereits in den Jahren 1935–36 begonnene Freundschaft sollte sie von da an dauernd verbinden. Der folgende Briefwechsel bezeugt diese Freundschaft und den beiderseits mit derselben Gründlichkeit der Lehre und demselben brüderlichen Verständnis geführten Dialog.

Widmung an Herrn Venise Gosnat

à Monsieur Venise Gosnat
dont je suis la mauvaise
élève en marxisme
mais dont je suis aussi
l'amie fidèle, respectu-
euse de sa bonté et de
sa générosité concrète,
j'offre de tout cœur ce
livre, sûre que s'il ne
l'approuve pas, il le
comprendra

Madeleine Delbrêl

5 sept 57

Herrn Venise Gosnat, dessen schlechte Schülerin im Marxismus, doch auch treue Freundin ich bin, widme ich in Hochschätzung seiner Güte und seines konkreten Großmuts von ganzem Herzen dieses Buch. Ich bin gewiß, daß er es, wenn nicht bejahen, so doch verstehen wird.

Madeleine Delbrêl
5. September 1957

Antwort von Herrn V. Gosnat an M.D.

Hyères, den 18. September 1957

Liebe Freundin,
ich danke Ihnen für die einfühlende Aufmerksamkeit, mir Ihr Werk an den momentanen Zufluchtsort zu senden, wie auch für das gewiß allzu schmeichelhafte Lob Ihrer handschriftlichen Widmung, die mich sehr berührt.

Ich habe *Ville marxiste,* den dritten Teil miteingeschlossen (S. 123-186)[1], gelesen und wiedergelesen, und das in einer alles andere als marxistischen Umgebung. Im Zimmer, in dem ich mich aufhalte, hängt das Kreuz, denn meine Schwester ist sehr gläubig, sowie das Photo meiner verstorbenen Schwester, Mutter Marie-François Xavier. Draußen, vor dem Fenster, liegt der Hügel von Costebelle mit der Kapelle Notre-Dame-de-Consolation [Unserer lieben Frau vom Trost].

Trotz dieser Umgebung, meine liebe Freundin, kann ich, wie Sie es vorausgeahnt haben, Ihrem Buch nicht zustimmen, und dies hauptsächlich, weil Sie de facto die Umgestaltung der Gesellschaft bekämpfen.

Es könnte anders sein, wenn Sie bei uns blieben bis zu und einschließlich dieser Umgestaltung. Und warum denn nicht? Wenn einmal die Wachstumskrämpfe von all dem, was Sie «als vorletzte Stufe ... als Diktatur des Proletariats» (S. 65) bezeichnen, vorüber sind, wobei es, seien Sie versichert, keine Glaubensverfolgung gäbe (die Zeit der Résistance in Frankreich kann als Beweis dafür gelten), dann könnte die Kirche ihre geistliche Macht behalten und der dann folgende ideologische Kampf «würde nicht zulassen, daß die Gefühle der Gläubigen und Kultdiener verletzt würden».

Sie sagen sehr richtig, «nicht weniger als das wirtschaftliche Elend zieht die Verzweiflung über eine geistlose Technik die

[1] Die Seitenzahlen in Klammern beziehen sich auf die vorliegende Ausgabe.

besten ‹Gläubigen› zum Marxismus ab» (S. 65). Sie möchten aufschreien gegen «das, was Unrecht, Krieg und Haß unter den Menschen anrichten» (S. 104), aber weiter wollen Sie nicht gehen. Die Umgestaltung der Welt, das heißt die Unterdrückung der tiefsten Ursachen für diesen Zustand interessiert Sie nicht (vgl. S. 105). «Dieser Verzweiflung der Vernunft» wollen Sie «keinen Vorschub leisten» (S. 106).

Nachdem nun der Marxist, der ich bin, Ihnen, der Christin, die Sie sind, den Hauptgrund unserer tiefen Uneinigkeit in der sozialen Frage erklärt hat, möchte jetzt der Freund Ihnen sagen, daß Sie sich nicht getäuscht haben in Ihrem Vertrauen, daß ich Sie verstehen werde.

Ich habe Sie bei der Arbeit gesehen, unter dramatischen Umständen. Ausgangspunkt unserer gegenseitigen Freundschaft sind die Stunden unter den Bomben, und sie hat sich in der gemeinsamen Anstrengung, das Elend zu lindern, gefestigt. Ich kenne Sie, ich kenne Ihre Lauterkeit und Güte und auf allen diesen Seiten finde ich wieder, was Sie charakterisiert: Die grenzenlose Liebe zu Ihrem Nächsten.

Da stehen wir nun, Sie und ich, zugleich «Feinde» und Freunde. Mit Ihrem unbestreitbaren Talent haben Sie uns in eine schöne Klemme gebracht.

Was aber unsere Freundschaft betrifft, können Sie gewiß, so wie ich, völlig unbesorgt sein.

Sie haben die Kraft erhalten, «mit allen über Gott zu sprechen» (S. 103). In ganz bewußter Treue meiner kommunistischen Partei und ihrer Politik gegenüber, bin ich ein Glied der lokalen Kader des marxistischen «Netzes» (S. 99). Jeder von uns wird fortfahren, seine «Gewißheit» (S. 103) zu verkünden, aber «der Lehrer» wird die Herzensqualitäten und das Feingefühl seiner «schlechten Schülerin im Marxismus» nicht vergessen.

In Erwartung weiterer Auseinandersetzungen zwischen uns und im Zusammenhang mit Ihrem Buch möchte ich Ihnen meine tiefe, dauerhafte und brüderliche Freundschaft zum Ausdruck bringen.

Venise Gosnat

Drei Briefe von M.D. an Herrn V. Gosnat

Ivry, den 20. September 1957

Lieber Freund und Bruder,
gern hätte ich Ihnen gleich nach Eintreffen Ihres Briefes geantwortet... Und auch heute erlaubt es mir die für Briefe bestimmte Zeit nicht, Ihnen all das zu sagen, was ich Ihnen sagen möchte, Ihnen aus ganzem Herzen die ganze Freude auszudrücken, die mir Ihr Brief geschenkt hat, – ja, so viel, daß ich, stellen Sie sich vor..., geweint habe!

Und zwar aus zwei Gründen, einem geringen und einem gewichtigen, habe ich geweint. Der geringe: Sie schreiben am 18., mein Vater starb vor zwei Jahren an diesem Tag. Jedesmal wenn ich ihn verließ, betete ich für ihn zur Jungfrau – und sprach sie mit einem Namen an, von dem ich glaubte, ihn fast erfunden zu haben: Unsere liebe Frau vom Trost.

Der gewichtige: Ich hatte eine solche Angst, Ihre Freundschaft zu verlieren – wie Sie ja wissen, stehe ich nicht gerade im Ruf, sentimental zu sein – und natürlich auch die Freundschaft vieler anderer... die Ihrige aber war für mich die eines älteren Bruders..., für mich, die ich keine Verwandten «meines Blutes» mehr habe. *Danke.* Mein eigentlicher Brief wird erst morgen weggehen, und Sie werden ihn bestimmt erst am Montag erhalten, ich wollte aber, daß Sie diese wenigen, vielleicht völlig idiotischen Worte *sogleich* erhalten...

Von ganzem Herzen und in weit mehr Dingen als den in Ihrem Brief erwähnten, bin ich mit Ihnen. Ich bin froh, im Bereich meiner «Dinge» den Namen Ihrer Schwester zu kennen. Ob Sie mir eines Tages für einige Sekunden ihr Photo zeigen könnten...

Ich umarme Sie mit der ganzen Kraft einer Zuneigung, die zu «koexistieren» entschlossen ist.

Madeleine Delbrêl

Ich hatte einen Rückfall: «Nicht gerade lustig»... außer für die Muße, Briefe zu schreiben.

Ivry, den 21. September 1957

Lieber Freund,

Ich fahre fort... und um das zu tun... beginne ich mit einer Erklärung: Ich möchte, daß Sie überzeugt und zwar restlos davon überzeugt sind, daß in diesem Brief – *wie in dem Ihren* – kein einziges Wort steht, das ich nicht denke.

Dann aber gehe ich gleich zum Ende Ihrer ersten Seite, ja, ich möchte sagen, ich stürze mich dorthin, denn es ist die «Schriftstellerin» – femme de plume, urteilen Sie selber, ob das zu mir paßt! – die schlecht geschrieben hat, was Madeleine dachte! Madeleine wünscht mit allem, was in ihr ist, die «Umgestaltung der Gesellschaft». Wie sollte sie denn die Menschen aufrichtig lieben, ohne diese Umwandlung zu ersehnen, zu wollen? Wenn ich mit gewissen Punkten, die mit dieser Umwandlung anvisiert werden, nicht einverstanden bin, dann sind – *glauben Sie mir* – die Punkte, mit denen ich einverstanden bin, unvergleichlich zahlreicher und sicher unvergleichlich gewichtiger.

Ferner: Sie erinnern sich vielleicht, daß zu den drei Punkten, mit denen ich in meinem «Unterricht» nicht einverstanden war, der Haß gehörte. Seither bin ich älter geworden, habe in meiner «eigenen Haut» zu sehr für die gelitten, die ich liebte – Schmerzen, verlorene Lebensjahre, Verstümmelungen dieses Lebens. In solchen Umständen habe ich nur zu sehr begriffen, wie gräßlich qualvoll das Verzeihen für andere [für das anderen Angetane] ist, wie sehr sich dies den von uns nicht wegzudenkenden Instinkten widersetzt, als daß ich nicht die Gewißheit hätte, daß außer im Rahmen religiöser Moralvorstellungen – etwa denjenigen Gandhis oder eines konsequent gelebten christlichen Glaubens – Verzeihen ein dem Menschen gleichsam zuwiderlaufender Akt ist. So dachte wohl auch das jüdische Volk! Daher denke ich, Verzeihen *für die anderen* ist ein starker Akt und bleibt ein starker Akt, auch wenn ihm Rache verboten ist. Denn lieben heißt wollen, daß diejenigen, die man liebt, ein gutes Leben leben, also kein Unglück säen, hervorrufen und sich festsetzen lassen.

Was ich aber für mich nicht akzeptieren und für andere nicht wollen kann – warum sollte ich sie schlechter behandeln als mich selbst? – besteht darin, daß mit der Doktrin, dem Werkzeug, dem System dieser gesellschaftlichen Umgestaltung ein politisches Dogma verbunden ist, das eigentlich kein politisches, sondern ein auf seine Weise religiöses Dogma ist: Die Gewißheit, daß Gott nicht existiert.

Das diesem entgegengesetzte christliche Dogma beeinflußt sicherlich die Wahl der Ansichten und Handlungen eines jeden Christen der Gesellschaft gegenüber, die Gesellschaft hingegen beeinflußt das Dogma nur indirekt, es existiert nur sehr partiell für sie. Es ist Dogma für den Christen, sein Arbeitskamerad wird daran keinen Anteil haben, selbst wenn der Christ sich an eine einzige Wahrheit hält – eine Wahrheit, die ihm als eine für alle geltende Wahrheit gilt –, die er aber anderen weder einbläuen soll noch kann. Der Glaube an Gottes Existenz geht den Christen etwas an, zunächst um Gottes selber willen, der, wenn es ihn gibt, ein Jemand ist, einer, mit dem man verkehren soll, gleichsam wie mit einem, der alles, was uns an Kraft, Naturgesetzen, an Intelligenz und Verantwortung bekannt ist, weit übertrifft. Erst dann wird die Existenz Gottes um des Menschen willen interessant, für die Menschen, für jeden, für alle, für die Gemeinschaften, die sie untereinander bilden, wie für die so enge Vereinigung, die sie mit dem Universum eingehen.

Ich weiß, daß politische Regime, die das Wort «christlich» oder «katholisch» im Namen tragen, gewisse dieser Punkte zu vergessen scheinen. Ich vermag das nicht richtig zu erklären, befinde mich sicherlich nicht in ihren Reihen, wenn ich auch die Einheit mit ihnen wahre, wie es der an seinen Platz gerückte Glaube an Gott verlangt, ein Platz, dessen Umrisse er übrigens immer wieder verwischt.

Also, wenn ich nicht imstande wäre, einer ihrer Parteien beizutreten, weil Gott dort die «unvermeidliche Karte» ist, wieso wollen Sie dann, daß ich einer anderen Partei beitrete oder sie unterstütze, wenn sie Gott mit der Gesellschaft verwechselt und ihn mit ihr zusammen stürzt?

Wenn ich eine doppelte fixe Idee habe, dann wohl die: daß ein jeder, so wie er will, der eine seine Politik im Atheismus der Atheisten, der andere im Glauben der Gläubigen grundlegen kann, der Skeptiker aber skeptisch bleiben darf und sich dennoch dem einen oder anderen Programm anschließen kann. Die Partei jedoch, die der Ansicht ist, die Religion könne zur Umgestaltung oder Weiterentwicklung der Gesellschaft keine Hilfe bieten, die darf von ihren Mitgliedern kein so absolutes «Credo» einfordern, wie es das christliche Credo ist, dem der Christ auch treu bleibt... selbst wenn er als Mensch allein auf der Welt wäre, ... denn Gott bleibt Gott und das Leben Leben; und die immer feineren Gesetzlichkeiten im Universum verstehen, erfassen, sie als klug ausgedachte entdecken zu können, ... ja fähig zu sein, zu wissen, was sie sind, das bleibt ein ebenso großes Mysterium für nur einen einzigen Menschen, wie es für die gesamte Menschheit groß ist.

Sie werden mir sagen, es gebe Christen, die sich am «philosophischen» Fundament des Marxismus nicht stoßen, so wie manche von der «politischen» Basis des Kommunismus sich um Philosophie nicht kümmern. Aber das sind Menschen, die sich nicht voll entwickeln oder sich selber verfehlen: die nicht zur lebendigen Wirklichkeit ihrer Doktrin geworden sind.

Ebenso wenig wie die Christen, die ein politisches Motiv für ausreichend halten, *euch nicht zu lieben.*

Um all das auszusprechen, hatte ich zunächst daran gedacht, ein kleines, ein winziges Büchlein zu schreiben, das sich an die Kommunisten richtet. Dann aber habe ich mich an die Christen gewandt, denn auf ihrer Seite, auf der unseren, war nicht genug Liebe für euch vorhanden, und *dies* ist die Arbeit, für die ich mich seit mehreren Jahren und auf alle erdenklichen Weisen leidenschaftlich einsetze.

Was ich nicht sage, denn vielleicht würden es nicht alle verstehen – Sie aber, davon bin ich überzeugt, Sie werden verstehen –, ist, daß ich lange und mit Schmerzen erwogen habe, was dieses Buch *mich kosten könnte.*

Aber die hier und dort weitergegebenen Notizen, die sich alle mit der Ihnen weiter oben dargelegten *«fixen Idee»* befaßten, entglitten schließlich völlig meiner Kontrolle. Ich wollte aber nicht, daß sie in irgendeiner Interpretation Einheitsbestrebungen dienen, die sich eines Tages, wegen mangelnder Klarsicht, gegen die Einheit wenden könnten.

...Verflixt! Ich kann nicht zu Ende schreiben! Ich muß mir eine Reise nach Paris zunutze machen, wenn ich will, daß mein Brief fortkommt... Er ist verworren, verzeihen Sie es mir...

und ich schließe ihn mit: (Fortsetzung folgt)

Madeleine Delbrêl

Ich werde Ihnen, wenn Sie in Ivry sind, den Brief von Herrn Marrane zeigen und meine Antwort, wenn sie fertig ist, denn dies wird zur «Hausaufgabe in einem Kurs für Fortgeschrittene». Stellen Sie sich vor, ich habe Marrane immer sehr gern gemocht...

Zwei Tage vor dem Ihren erhielt ich sein Schreiben auf offiziellem Papier... Nun – Ihre mutige Freundin hat mehrere Tage gewartet, ehe sie ihn nochmals gelesen hat... Man wird mich prügeln..., doch kann ich den Gedanken nicht loswerden, daß wenn Marrane denkt, was er mir schreibt, er nicht alles sagt, was er denkt! Dann aber suche er sich eine «Para-Genossin», die ebenso treu ist wie ich!

Madeleine Delbrêl

Ivry, den 22. September 1957

Es geht nicht anders: ich möchte mich zu Ende erklären.

Nun, die Gründe, die mich bewogen haben, aus meinen Notizen ein Buch zu machen, haben es mir nicht erspart, die ganze Bitternis zu empfinden, all dies in den Buchhandel zu bringen, was für mich Herzensangelegenheit war. Aber das Herumgereichtwerden meiner Notizen ärgerte mich, es gab ihnen einen Anstrich von Heimlichkeit – und ich mag es gar nicht, wenn man den Leuten nicht direkt sagt, was man über sie redet.

Doch ich wagte es, nicht Freundschaften, glaube ich, sondern scheinbare Freundschaften aufs Spiel zu setzen. Ich verstehe im voraus sehr wohl, daß man mich fertigzumachen hat, und es war mir sogar klar wie. Das setzte mir um so mehr zu, weil das, was ich mir gewünscht hätte, etwas so völlig anderes war. Nämlich die privaten Mißgeschicke nicht zu umgehen, darin aber die doppelte Liste zu erstellen: die der unüberwindbaren Gegensätze wie diejenige der geteilten Dinge; wobei auf beiden Seiten die Richtigkeit der meist recht mangelhaft begründeten Überzeugungen zu wahren ist – und dies in einer unerschütterlichen Freundschaft, so wie man sich in einer Familie liebt, auch bei gegensätzlichen Ansichten. Ich wußte, daß dies eine seltene Sache sein würde; doch für einen einzigen solchen Beweis gegenseitiger Treue hätte ich es nicht als zu teuer bezahlt gefunden, zehn Bücher zu schreiben!

Nun, ermessen Sie mein Glück, als ich eben das in Ihrem Brief gefunden habe! Deshalb wollte ich Ihnen so unbedingt und gründlich antworten. Sie verstehen wohl, ja Sie wissen auch, daß ich kein «Propagandist» bin. Sie wissen auch, daß ich Sie allzu sehr verehre, um mit Ihnen Gedankenspielereien zu treiben! Und wenn ich, was ja stimmt, nicht für mich behalten mag, was für mich das Teuerste ist – das ist für mich mein Glaube –, so mag ich ebensowenig, wenn es mir bewußt wird, mich für dumm verkaufen. Und es wäre dumm, die «Dublette» einer Person spielen zu wollen, von der ich überzeugt bin, daß sie mein «Meister» hätte sein können; ihr Photo ist bei Ihnen[2].

Ich glaube aber, wenn Leute wie Sie und ich, ohne jedes noch so edle Interesse, einfach durch ihre gegenseitigen Überzeugungen hindurch diese unbändige Wertschätzung von Mensch zu Mensch in die heutige Gesellschaft einbringen würden, so wäre dies ein Keim der Einheit für die kommenden Tage des Singens, des Kämpfens oder der Zerrissenheit.

Deshalb, weil dieser Brief selbst in den «Mußestunden» nicht unterzubringen war, mache ich seinethalben «Überstunden», denn die Mühe lohnt sich.

Oh nein! nicht in der «Veränderung» der Gesellschaft sitzt «die Verzweiflung der Vernunft», auf die ich mich nicht einlassen will, sondern in einer Veränderung, die sich auf das Verbot der sogenannt absurden Hypothese eines Gottes stützen wollte, um ihr die Absurdität eines – einzelnen oder kollektiven – menschlichen Geschicks vorzuziehen, das von Etappe zu Etappe aus dem Nichts aufspringt, ein Wort, das unser Kopf nicht kapiert. Auf diese Ver-

[2] Anspielung auf seine Schwester im Kloster (vgl. S. 20).

zweiflung der Vernunft möchte ich hinweisen; denn es gibt noch andere, nicht so «wesentliche» Verzweiflungen, die für uns verheerend sind, nämlich mitanzusehen, wie ganz vernünftige Menschen miteinander umgehen, als wären einige ohne jede Vernunft, ja halbe Tiere.

Lieber Freund, verzeihen Sie mir diesen endlosen Brief. Ich habe Ihnen den Grund genannt. Verzeihen Sie sein Gestammel..., wenn er fort ist, werde ich kaum mehr wissen, wie durcheinander er war.

Ich weiß auch, daß ich viele Dinge nicht erwähne, doch mein Buch ist *wahrhaftig* nicht politisch. Von Ihnen aus gesehen, muß es zwangsläufig ein politisches sein. Wenn es dem Wunsch Ausdruck gibt, die marxistische Doktrin möchte eines Tages ihren Atheismus in einen Randbereich ihrer Aktion verlagern oder doch von ihr nicht mehr unablösbar sein, so weniger, damit der Atheismus andere Menschen verschone, als um das fallen zu sehen, was viele Menschen «guten» und oft starken Willens davon abhält, sich an nicht wenigen eurer Ziele zu beteiligen.

Ich umarme Sie, lieber Freund, wünsche Ihnen viel schönes Wetter und hoffe, Sie nicht verärgert zu haben. Ich hoffe auch, daß Sie mich nicht für eine von der Manie der Schriftstellerei besessene Spinnerin halten!

Madeleine Delbrêl

Nein, ich bin nicht Ihre «Feindin»! Ich werde, und wenn ich dafür kämpfen muß, die Christen verteidigen, die zu euch abdriften..., doch mit Waffen, die weder Maschinengewehre noch Bosheit sind! Und würden Sie sich eines Tages als mein Feind gebärden, werde ich Sie mit einem schönen Lächeln bedenken ... und Ihnen sagen, daß Pflicht Pflicht ist, und daß ich Ihre Freundin bin für zwei.

1960

Gebeten, ein Begrüßungsplakat der Stadt Ivry für Herrn Chruschtschow anläßlich seines Besuches in Frankreich mitzuunterzeichnen, schrieb Madeleine an Herrn V. Gosnat:

Lieber Freund,
wie ich vermutete, habe ich die ungelesenen vervielfältigten Blätter unter einem Stapel nicht abgelegter Post wiedergefunden. In letzter Zeit habe ich mehrere Blitzreisen unternommen, die Ordnung meiner Papiere läßt das spüren. Entschuldigen Sie!

Den Text des Anschlags habe ich eben durchgelesen und werde gleich darauf zurückkommen.

Ja, in der Tat, ich möchte mit Ihnen über Herrn Chruschtschow sprechen, er ist für mich ein brennendes Thema.

1. Ich denke immerfort mit großem Stolz an ihn, denn, stellen Sie sich vor, ich habe das zu einer Zeit festgestellt, da ihn wohl noch wenige Leute in Frankreich kannten. Das war 1954 oder 1955, ich hatte eben die erste in der Presse veröffentlichte Rede von ihm gelesen. Damals habe ich den Leuten, die bei mir waren, gesagt: «Das ist ein großartiger Kerl, fähig, Lenins Werk weiterzuführen, und ich wette, er wird Aufsehen erregen, sensationelles Aufsehen.»

2. Stellen Sie sich übrigens vor, ich liebte ihn sehr. Seit dieser berühmten Rede nenne ich ihn nur noch Nikita.

3. Ich habe ihn nicht nur gern, er interessiert mich. Es gibt nur wenige ebenso originelle Persönlichkeiten – um so schlimmer für die Persönlichkeit – auf dem Planeten. Er lebt mit verblüffender Leichtigkeit einen Kommunismus, der nichts Ungefähres hat. Voll überschäumenden Lebens ist er unberechenbar: Bald erregt er Staunen wie eine Naturgewalt, bald reizt er mit einem Feuerwerk von Späßen zum Gelächter.

4. Trotz alldem, ja vielleicht gerade deswegen habe ich eine ständige Wut auf ihn. Und er ist der einzige auf der Welt, für den ich mich in solche Kosten stürze..., Kosten, von denen er nichts weiß, leider!

Seine erste antireligiöse Offensive (1956 denk' ich) hat mich tief verletzt wie alle, die er ab und zu neu anzettelt. Ich glaube nicht, daß es bei mir viel gibt, was für mich Ehrensache ist, aber ich ertrage es nicht, daß die Ehre anderer verletzt wird, selbst wenn es nicht um meine Freunde geht. Ermessen Sie also, wie tief es mich empören muß, wenn jemand sich an der Ehre Gottes vergreift, die er zu einem so lächerlichen wie schädlichen Schwachsinn macht. Dies mitten in der ganzen Welt und zur ganzen Welt hin sagen zu hören, löst in mir einen dem Schmerz verwandten Zorn aus.

Ich weiß wohl, daß Christen, mit denen ich durch meinen Glauben verbunden bin, in gewissen kommunistischen Ländern zu leiden hatten und noch immer leiden. Das aber erweckt in mir keinen Zorn. Ich weiß, daß nichts meine Solidarität mit diesen leidenden Christen zerstören darf, daß ich mich aber auch nicht mit dem solidarisieren kann, was sie leiden macht; doch weiß ich auch: Wie Gott von mir die Treue zu meinen Glaubensbrüdern verlangt, so fordert er gleichermaßen auch meinen glaubenslosen Brüdern gegenüber eine Liebe, die stärker ist als Groll und Rache.

Wären diese antireligiösen Kampagnen wenigstens noch intelligent! Oder wäre derjenige, der darüber redet oder schreibt, ein Dummkopf! Aber es ist dieser intelligente Nikita, der seine Intelligenz wegzulegen scheint, sobald er in den religiösen Krieg zieht.

Ja, dazu noch in einen religiösen! Wenn Sie zu mir, der Gläubigen, die über den Menschenverstand hinausgehende religiöse Überzeugungen vertritt, sagen: «Wenn du von einem lebendigen Gott überzeugt bist, kann ich dir mit meinem Verstand nicht folgen», dann diskutieren Sie auf korrekte Weise.

Doch Nikita behauptet – als hätte die Wissenschaft den Beweis der Nichtexistenz Gottes erbracht –, es gebe keinen Gott. Hier geht er über die vernunfthaften Gewißheiten hinaus. Er stellt sich auf den gleichen Boden wie die Religion, um absolut zu verneinen, was diese absolut glaubt.

Was hilft es schon, bei Leuten mitzumachen, die eine Aktualisierung der wohlbegründeten Freundschaft zwischen dem russischen und dem französischen Volk glühend ersehnen, die sich eine echte Zusammenarbeit, einen echten Austausch, eine echte menschliche Solidarität aus ganzem Herzen wünschen, wenn dann jeder dieser Wünsche vom Stachel einer antireligiösen Absicht angerissen ist. Wir empfinden das als einen ständigen schmerzlichen Angriff auf das, was uns als absolut heilig gilt.

Selbst wenn es mir, lieber Freund, keineswegs einfiele, diesen Gefühlen beim Besuch des höchsten Mannes der Sowjetunion bei uns, Ausdruck zu geben, so schiene es mir doch verkehrt, andere Gefühle auszudrücken, diese aber zu verschweigen.

Ich bin mit dem Text des Anschlags vollauf einverstanden, dieser Brief aber wird Ihnen sicher verständlich machen, weshalb ich ihn nicht unterzeichnen kann.

Madeleine Delbrêl

Herr V. Gosnat schrieb uns zu diesem Brief und zu jenen aus den folgenden Jahren

Ich erinnere mich recht gut an den erwähnten Brief, den ich an die Partei weitergeleitet habe. Es war die Antwort auf die an Madeleine gerichtete Einladung, den Begrüßungsanschlag für den Genossen Chruschtschow zu unterzeichnen.

Ich nehme die Gelegenheit wahr, zu bemerken, daß die Einladungen, die ich an Madeleine Delbrêl weiterzuleiten hatte, und die sie meist ablehnte, sogar die Einladung, mit uns zusammen auf einer städtischen gemeinsamen Liste zu erscheinen, immer im Einverständnis mit den Vertretern meiner Partei im Zeichen der zu den Katholiken hin ausgestreckten Hand erfolgt sind, und ich habe sie ihr mit um so größerer Überzeugung übermittelt, als ich damals wie heute eifriger Anhänger dieser Politik bin und auch überzeugt, daß Madeleine trotz ihrer offen ausgesprochenen Vorbehalte unseres Vertrauens würdig war.

Mein letztes Gespräch mit Madeleine fand Ende August 1964 statt, am Vorabend meiner Abreise in die Ferien nach Hyères.

Sie schenkte mir ein Buch über den Wiederaufbau von Warschau mit folgender Widmung:

Ich schenke dem «wahren Freund» Herrn Venise Gosnat *Varsovie reconstruite*. Ich möchte, daß er in diesem Buch das Sinnbild seines großherzigen Lebens sieht, dem Ivry so vieles verdankt.

Madeleine Delbrêl
31. August 1964

Ich sollte sie nicht mehr wiedersehen. Zum Zeitpunkt ihres Todes krank im Bett, konnte ich zu meinem Leidwesen nicht an ihrem Begräbnis teilnehmen. So hat meine Frau sie an meiner Stelle zu ihrer letzten Ruhestätte begleitet.

Venise Gosnat
März 1970

VORSPANN

I. Die unumgängliche Begegnung

II. Die Verfasserin und ihre Dokumente

III. Vorstellung der Schrift

I. Die unumgängliche Begegnung

Wenn die Kirche den Marxismus als religiöse Bedrohung wahrnimmt, ja die von ihm gestellte Frage von manchen als eine religiöse Frage anerkannt wird, so stellt er sich uns weit seltener als ein Problem des Apostolats.

Seine unerschütterliche atheistische Doktrin scheint dem Marxismus das Recht auf sämtliche Privilegien zu sichern, die Christus in seiner Kirche für das allerverlassenste Elend zusammengetragen hat: für den Menschen ohne Hoffnung, daß Gott lebt, ohne Hoffnung, daß Gott liebt, ohne Hoffnung, daß Gott Gott ist.

Die religiöse und apostolische Frage wird der Kirche durch den Marxismus fast weltweit und lautlos gestellt. In Ländern unter kommunistischer Herrschaft antwortet die Kirche mit dem urreligiösen und urapostolischen Akt: mit dem Martyrium. In der übrigen Welt wird der Marxismus, der mit seinen Erwartungen jede Hoffnung zerstört hat, die Präsenz von Menschen fordern, die in ihrem religiösen und apostolischen Leben standhalten können, die in Freiheit ihr Leben zur Verfügung stellen für das, was die Liebe Gottes will.

Ich möchte das Wort *Kirche* hier auf jede Zeile setzen, ebenso oft wie das Wort *Gott*.

Die Verachtung des marxistischen Atheismus gilt Gott und der Kirche, Liebe aber *duldet keine* Geringschätzung für das, was sie liebt, sie kann sie nicht ertragen.

Zudem: du, Kommunist (wie du zu mir sagst: du, Christ), je mehr du die Kirche verachtest, umso inniger liebe ich dich immer wieder, denn ich möchte, daß du verstehst, daß die Kirche, trotz allem, was man über sie sagt, trotz allem, was man ihr entgegenhält, laut, oft durch den ungeheuren Schrei ihres Schweigens hindurch die Liebe verkündet, die Jesus Christus ihr ohne Unterlaß schenkt, für dich und für mich. Wenn ich dich liebe, Kommunist, dann nicht trotz der Kirche, sondern ihretwegen, mitten in ihr.

Du sagst, sie sei *meine* Kirche und du hast recht, was du aber nicht sagst und was noch tiefer zutrifft, ist, daß ich ihr angehöre. Der Kirche Madeleines? ja; doch noch mehr bin ich Madeleine von der Kirche, sind Jakob, Peter oder Paul von der Kirche. Und dies jedesmal wenn ein Christ seine Brüder, seinen Bruder liebt, wer und was immer er ist, woher immer er stammt.

Kurz, für die seltsame Situation, in die mich die Veröffentlichung dieser Aufzeichnungen bringen wird, ist die Liebe allein verantwortlich: ich besitze den Philosophien, politischen Systemen und Denkströmungen gegenüber in der Tat keine durch Studien oder klassische Erfahrung beglaubigte Titel, andererseits wird das, was ich von den Marxisten gelernt habe, in ihren Programmen für gewöhnlich kaum berücksichtigt. Ferner, wenn mir ein erwachsener und so mächtiger Marxismus wie er sich eben in einer westlichen Stadt entfalten kann, bekannt ist, so muß ich doch betonen, daß ich den Marxismus des Ostens, den Marxismus an der Macht, nur durch Berichte von Menschen kenne, die ihn tatsächlich erlebt haben. Diese Berichte haben mir die Gewißheit vermittelt, daß sich hinter den vielgestaltigen Erscheinungsformen dieselbe Wirklichkeit verbirgt.

Der Marxismus hat nie aufgehört, seinen Willen zum Kampf wie auch seine taktischen Anstrengungen zu bekräftigen, nicht bloß gegen jeden religiösen Glauben, sondern auch gegen jeden sich vom Atheismus absetzenden philosophischen Standpunkt. Wenn sein Unglaube also weltweit derselbe ist, so verschärft er sich in Frankreich und wohl auch anderswo durch das atheistische Proletariat, dem seine politische Skepsis wenig Rückhalt bietet. Doch wenn ich auch nur von einem minimen Teil der Unterdrückungen, Deportationen, Gefangennahmen weiß, für die der Marxismus des Ostens verantwortlich ist, so erlebe ich diesen minimen Teil gleichsam in der unumgänglichen Begegnung, die im Widerspruch zu dem steht, was der Mensch Begegnung nennt, sich aber an das hält, was Begegnung für die Treue Gottes bedeutet.

Diese Begegnung erlebe ich. Mit der Kirche und in der Kirche, zu jeder Stunde und jeden Tag, in Ivry aber mit meinen Kameraden auf der Straße, bei der Arbeit, beim schlichten menschlichen Zusammensein, Kameraden, die ihrerseits mit der Partei und in der Partei sind, zu jeder Stunde und jeden Tag.

Im Kontakt mit jedem Ungläubigen werde ich gleichsam zu einem Grenzfeld der Kirche, versuche die Geschmeidigkeit und die apostolischen Verläßlichkeiten zu ertasten, die sich für diese Grenzexistenz eignen.

Ich weiß, daß die erbarmungsvolle Treue Gottes an dieser Grenze wacht, daß Christus, der Herr, bis an die Grenzen der Erde verkündet werden will... Ich weiß, daß ein jeder meiner Freunde ganz nah an der Grenze steht und sein politisches Volk die ganze Welt mit all ihren äußersten Enden umfangen will.

Denn wenn es christliche Frauen gibt, die Gatten oder Kinder, Brüder oder Schwestern unter den Kommunisten haben, so lieben sie diese mit einer Liebe, die Gott zu der seinen macht. Und um sie zu lieben, sind sie nicht gezwungen, eine Karte zu besitzen, die sie zu Gegnern Gottes erklärt. Auch wenn sie diese Karte ablehnen, so wird von ihnen doch nicht verlangt, ihr Fleisch, ihr Herz, ihre Zärtlichkeit zu verleugnen.

Jahr um Jahr habe ich die Karte meiner Freunde abgelehnt und lehne sie weiterhin ab. Sie integriert in die lebendige Organisation des Marxismus. Sie würde mich hier am Ort mit meinen Freunden verbinden, doch, existentiell, durch die Solidarität mit der Partei, in Gegensatz zu Gott stellen. Seit Jahren war und bin ich stets noch freundschaftlich mit ihnen verbunden, wie Christus und seine Kirche es uns zu sein lehren.

Es steht mir nicht an, die Weisungen Christi, was das Verzeihen den Verfolgern gegenüber angeht, anzuführen, denn ich bin nicht verfolgt worden. Der Herr hat jedoch uns allen die Liebe vermacht, die Liebe des guten Hirten, des Vaters, der nach seinem verlorenen Sohn ausblickt, des Arztes und Freundes der Sünder, der den Verirrten nachgeht, uns allen, die wir als Adelstitel bloß unser Versagen und unsere Fehler, unsere Schwächen und Ausflüchte vorzuweisen haben.

Für mich sind die Kommunisten nicht bloß Verneiner der Wahrheit, Ungläubige, Verfolger, sie sind meine Allernächsten: Wurde das «siebenundsiebzigmal» um ihretwillen gesprochen?

Das ist ein Aspekt der Frage und nicht der geringste. Die Marxisten sind von einer so tiefen Nacht umfangen, daß sie Gottes Herrlichkeit verdunkelt. Sie nicht lieben, wäre dies nicht eine doppelte Verfinsterung seiner Herrlichkeit?

II. Die Verfasserin und ihre Dokumente

Die Verfasserin

Von ihrem ersten Entwurf an trugen diese Aufzeichnungen meine Unterschrift, ich unterschreibe sie noch heute. Ihr Beglaubigungswert ist gering; er besteht in meinem Namen. Er taugt kaum dazu, die üblichen Referenzen zu ersetzen, die etwa ein Vorwort beibringt oder eine Meinung, zu deren Deuter man sich macht, oder die Solidarität einer Bewegung oder, schlichter noch, das «wir» als Zeichen einer geteilten Verantwortung für die Aussagen, ein «wir», das man verwenden darf, sobald man irgendwo in einem Beruf, einem Fach, in einer Familie, einer Schule des Denkens, einer Philosophie usf. jemand ist.

Das ist die einzige Absicht, die, wie ich vor vier Jahren erklärt habe, Reaktionen und Überlegungen nach sich zog, die dann zu den Aufzeichnungen dieses Heftes geführt haben. Die Absicht, die mich zur Niederschrift veranlaßt hat, ist eine rein *religiöse*. Als religiöse stellt sie die Christen, die keiner marxistischen Herrschaft unterstehen, vor die existentielle Frage nach dem Apostolat unter den Kommunisten. Als religiöse Absicht zeigt sie sich den Marxisten gegenüber als die eines Bruders, der Kirche gegenüber als die eines Kindes. Ich möchte, daß meine marxistischen Kameraden dies lesen, wie sie auch eingeladen sind, auf den anderen Seiten das übrige ihnen Zugängliche zu lesen, selbst wenn sie behaupten, daß ihnen jede religiöse Dimension fehle.

Dennoch möchte ich im voraus schon denen unter ihnen antworten, die von dieser Veröffentlichung wahrscheinlich überrascht sein und glauben werden, ich sei zur Publizistin im Dienst eines Propaganda-Katholizismus geworden.

Doch möchte ich ihnen auch im voraus eine «Information» zukommen lassen, die für sie verständlich ist, gerade insofern diese von ihnen handelnden Aufzeichnungen, die ja nur anmerken können, was – auch in weniger schmerzlichen Situationen in der Welt, in nicht so schwierigen lokalen Notlagen und anspruchsvollen Plänen – uns einander *entfremdet, ohne deshalb zerbrechen zu lassen, was nicht zerbrochen werden darf, noch das aufzugeben, was angestrebt werden muß.*

Ihre Dokumente

Daß es mir nicht gelingen würde, dem Marxismus gegenüber ein Unternehmen zu einem guten Ende zu führen, das sowohl kulturelle wie wissenschaftliche Grundlagen voraussetzt, davon wird man sich mit einem Blick auf meine Identität überzeugen können. Die Niederschrift erfolgte zum Teil auch, um zu zeigen, daß mir in diesen Bereichen keine andere Wahl blieb, als zu handeln: die Ablehnung war mir im vornhinein auferlegt.

Den Marxismus hingegen unter politischem oder logischem Aspekt anzugehen, ihm in praktischen Überlegungen zu begegnen, in Fragen, die von der Mehrheit der Menschen bedacht werden, ob es sich nun um universale oder lokale Anliegen wie Arbeit, Wohnung, Friede handelt, darin bewies sich mir keineswegs spontan meine Unfähigkeit, an öffentlicher Front für eine humane Wirtschaft oder eine praktische Lösung zu kämpfen. Wenn ich dies hier unterlassen habe, so in voller Freiheit und aus eigenem Entschluß.

Wenn ich es mir versagt habe, Aufgaben zu übernehmen, die mir weiterführende, erneuerte oder neue Kontakte erlaubt hätten, so weil ich mein Leben auf ein einziges, an sich schon ausschließlich religiöses Ziel ausgerichtet hatte und alle meine Pläne, Entscheidungen und Fähigkeiten darauf hingeordnet haben wollte.

Ich war um keiner anderen Sache willen nach Ivry gekommen, als ich – ebenso unwissend wie aller Politik und Wirtschaft gegenüber überheblich – dort eintraf, ohne jede Aufklärung über den Kommunismus und weniger noch über die Leute, die Kommunisten waren. Ich war nach Ivry gelangt, weil eine Folge von Umständen mir dort eine Bleibe und die Mittel zu leben verschafft hatte; wir waren zu dritt in der gleichen Lage. Wir hatten kaum große Pläne. Was wir suchten, was ich wollte, war die Freiheit, mit Männern und Frauen der ganzen Erde Seite an Seite zu leben, zusammen mit meinen Zeitgenossen die Jahre unseres selben Kalenders und die Stunden unserer selben Uhrzeit zu verbringen.

Christus verlangt vom Christen, daß er in seiner, der allerkühnsten und einfachsten Freiheit, die es gibt, die Liebe eines Gottes lebe, den man nicht glauben kann, ohne um seine Liebe zu wissen und ohne diese Liebe als allerernsteste Aufgabe der Welt nachzuleben: nämlich Gott selbst gegenüber wie jedem Menschen, von dem Jesus Christus gesagt hat, man solle ihn lieben wie sich selbst. Somit war es bereits eine rein religiöse Absicht, die ich als erstes und wichtigstes Ziel meines Lebens in Anspruch nahm und es dazu erklärte.

Begegnung mit Christus

Ich schreibe «BEGEGNUNG» groß und im Singular.

Diese Arbeit ist gewiß durch Begegnungen angeregt worden. Oder tiefer noch durch eine Initialbegegnung, aus der sich die folgenden ergaben.

Diese war meine eigene Begegnung mit Christus dem Herrn. Durch sie war mir ein für allemal klar geworden, was die Menschen sich zu schenken vermögen und was sie entbehren. Ich hatte wie ein Faktum die Kostbarkeit ertastet, die ein jedes Ding erlangt, wenn der Mensch mit Gott verbunden ist und, im Gegensatz dazu, die unerbittliche Entwertung, die den Gütern droht, wenn der gleiche, aber areligiöse Mensch sie sich anzueignen sucht.

Wenn Christus sagt: «Ich bin der Weg», so hat er, noch bevor er hinzufügt: «... die Wahrheit und das Leben», erahnen lassen, daß das Geschick der Seinen eine sichere Wahrheit sein wird, ein gesichertes Leben im Dunkel des Glaubens wie im ewigen Licht, daß dieses Geschick aber auch ein dunkler Zustand der Begegnung sein wird, jenseits einer menschlichen Erschütterung der Umkehr, nämlich die wahrhaftige, schon im Lauf unseres Lebens beginnende, doch stets noch unvollendete Begegnung mit dem lebendigen Gott.

Nur das, was in den Realismus dieser Begegnung einzufalten war oder was sich daraus wie eine notwendige Folge auszufalten vermochte, schien mir von da an wahr zu sein.

Begegnung mit den Marxisten
Im übrigen hatte ich durch das tägliche Leben mit Männern und Frauen, mit meinen Mitbürgern, Nachbarn und Freunden, mit meinen Arbeitskameraden Kommunisten kennengelernt. Ich hatte sie lieben gelernt, jeden Einzelnen, als das, was sie waren. Diese mir begegnenden Marxisten waren es, die mich zunehmend, durch sich hindurch, entdecken ließen, was nicht mehr die Marxisten, sondern der Marxismus war. Ich habe nach und nach versucht, das Leben dieser mit mir lebenden Menschen zu verstehen, anhand der Texte, die ihre Meister oder Kameraden verfaßten oder verfaßt hatten.

Nachforschungen, Kämpfe, Zuflucht bei Gott haben mich allmählich einsehen gelehrt, daß die Marxisten in ihrer unerschütterlichen Gewißheit die am meisten irregeleiteten Menschen sind; daß sie in ihrer höchst heroischen Wahrhaftigkeit gleichsam Zeugen sind für eine in ihrem System wesentliche absolute Gegen-Wahrheit; daß somit ihr Kampf gegen die Kirche ein derartiges Kaliber hat, daß ausschließlich Existenzen, die in ihrem übernatürlichen Realismus zum Äußersten bereit sind, der Kirche die für diesen Kampf erforderliche Front verschaffen könnten; daß, sofern die Verherrlichung Gottes schließlich das höchste Motiv jeder missionierenden Absicht ist, die marxistische Frage uns keine Ruhe lassen darf, denn der Marxismus ist die weltweite Behauptung: *Es gibt keinen Gott*.

Diese Aufzeichnungen gehen immer wieder von Ivry aus und kehren immer wieder dorthin zurück. Diese lokale Umwelt wird unablässig zum Zeugen genommen. Somit denke ich nicht, daß diese dabei verniedlicht wird, sowie ich hoffe, sie weder verbogen noch verfälscht zu haben.

Wenn dieses Porträt auch zahlreiche und starke Merkmale aufzeigt oder hervorhebt, so fürchte ich doch, daß ein Leser ohne wirklichen Kontakt mit Kommunisten kaum imstande sein wird wahrzunehmen, was Ivry als Faktum an Außergewöhnlichem, als Partei an Beispielhaftem besitzt, an Aussagekraft für den, der nach der Daseinsberechtigung und nach den Zielen fragt. Insoweit jedoch diese Studie als Grundlage für eine Besinnung verwendet wird oder zum Element einer Entscheidung im Handeln, bleibt es wichtig, nicht nur das herauszuheben, *was Ivry* im Zusammenhang mit der Lehre und mit der Partei *ist,* sondern ebenso sehr, worin es sich innerhalb einer französischen kommunistischen Partei unterscheidet, die von der «französischen Verfaßtheit» und besonders vom Atheismus in Frankreich stark geprägt ist.

Erst wenn diese Unterscheidungen klar getroffen sind, wird man diese Aufzeichnungen für eine Arbeit der Besinnung und des Handelns einsetzen können.

III. Vorstellung der Schrift

Fliegende Blätter
Ein Heft. Meine Aufzeichnungen waren zu Beginn fliegende Blätter. Sie hatten mehr oder weniger umfassend die Beobachtungen, Nachforschungen, Befragungen sowie Versuche einer Antwort festgehalten. Sie waren mit Namen versehen, waren Erinnerungen an Fragesteller oder Anschriften von Empfängern; andere waren datiert, 1954, 1955, 1956. Schemata waren darauf entwickelt, Entwürfe, die in einer bloßen Linie bestanden. Eine zentrale Frage, bereits im ersten Entwurf notiert, wird dringlicher bei der zweiten Redaktion, festigt sich, stößt vor, fehlt dann auf keiner Notiz. Die einen waren sechs Monate alt, andere drei Jahre, hier waren es fast gesprochene, dort voll zu Papier gebrachte Worte, die unter all diesen Formen in einen immer dichteren Verkehr gesetzt wurden durch das, was ich «freundschaftliche Verbreitung» nennen kann. Diese aber drohte in der Anarchie zu landen, so daß der dreijährigen Wanderschaft dieser Aufzeichnungen ein Ende gesetzt und ein rechtmäßiger Zivilstand für sie gefunden werden mußte. Sie besitzen ihn nun und von den verschiedenen Formen, die sie sich zugelegt hatten, anerkenne ich ihnen einzig das Recht, in der «Genealogie» des vorliegenden Heftes zu erscheinen.

Bitte an den Leser

Es geht mir sehr darum, daß diese Aufzeichnungen, einmal gedruckt, auf ihre Weise lebendig bleiben, geeignet, entdeckt zu werden, fähig zu wachsen. Ich bitte den Leser, sie als das zu nehmen, was sie sind: ein Arbeitsinstrument. Ihre Arbeit vollzieht sich im Leben. Man wird sie daraus nicht lösen können, ohne ihnen Gewalt anzutun. Ich möchte, daß sie dem Leser in Geduld dienen. Wir haben zusammen gelernt, daß Geduld zur Ehrfurcht vor der Wahrheit gehört, daß sie der Sorge um die lebendige Wirklichkeit unentbehrlich ist. Der Leser verzeihe diesen Aufzeichnungen den Charakter des noch Formbaren in einer Zeit, da Strukturen, Planungen, Rahmen eine Art Beglaubigung darstellen. Sie dürften schwer zu vollenden sein, solange das Ende des Laufes nicht angesagt ist. Ich wünschte, daß wir auf diese Weise etwas von diesen Nachforschungen unter uns teilten, wobei viele Erwartungen auf eine so harte Probe stellten, daß sie die Hoffnung zu stärken vermochten.

ERSTER TEIL

AUSGEHEND VON IVRY

I. Was ich von Ivry entdeckt habe

II. Was mich Ivry vom Marxismus entdecken liess

I.
Was ich von Ivry entdeckt habe

Um nicht voreingenommen zu erscheinen, muß ich das Begrenzte meiner Begegnung mit dem Marxismus angeben. Diese Grenzen sind: die Stadt, in der ich lebe – die Marxisten, die da leben.

Auch meine eigenen Grenzen sollen natürlich nicht übersehen werden.

1. Die Stadt, in der ich lebe

Da ich Ivry nie verlassen habe, beschränkt sich meine Begegnung mit dem Marxismus auf wenige Quadratkilometer. Daß diese paar Quadratkilometer mit der ganzen Welt in Kontakt stehen, wird später festzustellen sein.

Mit dem Beginn des Industrie-Zeitalters um die Mitte des vergangenen Jahrhunderts entstand in Ivry ein stark wachsendes Proletariat. Der Sozialismus formte diese neue Masse und machte große Anstrengungen, sie für den Atheismus zu gewinnen. Kurz nach dem Ersten Weltkrieg übernahm der Kommunismus die Macht in der Stadt.

Ivry vor zwanzig Jahren

Zehn Jahre später – im Jahre 1933 – kam ich nach Ivry. Ich war neunundzwanzig Jahre alt. Auf dem Rathaus wehte die rote Fahne. Was das bedeutete, wußte ich nicht. Jetzt bin ich einundfünfzig. Zweiundzwanzig Jahre habe ich hier gelebt. Obwohl das Rathaus immer noch kommunistisch ist, weht dort nicht mehr die rote Fahne. Wofür sie nach wie vor das Zeichen bleibt, glaube ich inzwischen gelernt zu haben.

Doch zurück zum Jahr 1933. Das Milieu, aus dem ich kam, war viel zu skeptisch, als daß Politik oder Glaube darin eine große Rolle hätten spielen können. Ich begegnete weder dem «Proletariat» – ich kannte es nicht – noch dem Marxismus – ich kannte ihn noch viel weniger. Man hatte mir gesagt, die Leute in Ivry seien ungläubig und arm. Das Elend des Atheismus kannte ich aus eigener Erfahrung, die Armut hatte ich durch das Evangelium entdeckt. Wenn meine Begegnung mit dem Marxismus auch eine dauernde sein sollte – ausgesucht hatte ich sie mir nicht.

Zweierlei Erfahrungen ließen mich seine Gegenwart erkennen. Die gläubigen Christen meines Bekanntenkreises benahmen sich wie die alteingesessene Minderheit in einer eroberten Stadt. Wie zu Kriegszeiten machte man beim Gegner keine Unterschiede. Alle waren der Feind, von dem man sich möglichst fernzuhalten hatte. Andererseits empfingen mich Leute, die ich gar nicht kannte, auf der Straße mit Steinwürfen und heftigen Beschimpfungen. Den Priestern und Katholiken ging es ebenso. Die Kinder lieferten sich in den Wohnvierteln und in der Schule wahre Schlachten. Von jedem Neuankömmling wurde erwartet, daß er sich entweder als Katholik oder als Kommunist zu erkennen gab. Auf den ersten Blick schien die Bevölkerung nur aus Katholiken und Kommunisten zu bestehen, so sehr bestimmten ihre ständigen Streitigkeiten das tägliche Leben.

Doch schon nach einigen Monaten konnte ich eine große schweigende Mehrheit ohne lebendigen Glauben und ohne militante Ideologie entdecken. Für die einen beschränkte sich der Kontakt zur Kirche auf Trauung und Beerdigung, die anderen waren mit dem Kommunismus nur durch ihren Stimmzettel verbunden. Bald machte ich auch noch eine andere Erfahrung: Die offiziell zur Schau getragene Trennung zwischen Katholiken und Kommunisten verdeckte nur, daß sie durch unvermeidliche, und zwar im wahrsten Sinn offizielle Beziehungen miteinander verbunden waren. Jeder wollte die Trennung, aber es gab keine Trennung, weil sie undurchführbar war.

Auch wenn die gesamte Stadtverwaltung tatsächlich in den Händen der Kommunisten lag, sie blieb dennoch die Verwaltung einer französischen Stadt.

Die Verantwortlichen hatten wohl oder übel auch die Verwaltungssachen der Leute zu besorgen, die nun einmal Katholiken waren. Umgekehrt mußte sich jeder Katholik wohl oder übel an Beamte wenden, die nun einmal Kommunisten waren, wenn er die vielfältigen und oft unentbehrlichen Dienste, die eine Stadt ihren Bürgern schuldet, in Anspruch nehmen wollte. Keiner kam vom anderen los.

Dann kam die Zeit, in der eine der sensationellsten taktischen Wendungen in der Geschichte der Kommunistischen Partei Frankreichs, die Volksfrontpolitik der «ausgestreckten Hand», von heute auf morgen das Klima im Rathaus von Ivry und schnell auch die Haltung der militanten Marxisten veränderte. In diesem Zusammenhang wäre es leicht – aber nutzlos – festzuhalten, wie sich die örtlichen Verschiedenheiten im Detail in einen Gesamtplan einfügten.

Es kam der Krieg. Schon in den ersten Tagen ordnete die Regierung an, daß alle kommunistischen Beamten der Stadt ihre Ämter niederzulegen hätten. An ihre Stelle traten ernannte, aber nicht gewählte Delegationen der Präfektur. Sie blieben auch während der Jahre der Besetzung im Amt. Die «Zurückeroberung» der vormals kommunistischen Rathäuser gehört in den späteren Befreiungskampf.

Die für Ivry bestimmte Delegation bestand in der Mehrheit aus Christen ... und Politikern. Ich hatte mich zur Mitarbeit bereit erklärt. Als die alte Stadtverwaltung nach dem Krieg zurückkehrte, bot sie mir einen Platz auf ihrer Wahlliste an. Aber der Widerstand der Sozialisten ließ mir nicht einmal Zeit zu antworten. Ich mußte meine ziemlich schwere kommunale Arbeit aufgeben. Aber es war eine Entlassung mit einjähriger Kündigungsfrist und so habe ich – nach der «Libération» – noch ein Jahr lang im Rathaus gearbeitet.

Ich glaube, daß ich in diesem Jahr viel gelernt habe. Die Beobachtungen und Erfahrungen, die ich im Krieg gesammelt hatte, wurden in eine gewisse Ordnung gebracht. Zwar hatte die Spitze der Stadtverwaltung gewechselt, aber das gesamte Personal des Rathauses war dasselbe geblieben. Gerade mit ihm hatte ich immer zu tun gehabt. Ich hatte unter anderem feststellen können, daß unter den von Razzien, Verhaftungen und Deportationen Betroffenen die Kommunisten einen hohen Prozentsatz ausmachten.

Nach dem Kriege durfte dieser hohe Anteil nicht vergessen werden. Es ist hier der Ort darauf hinzuweisen, welche Umwälzungen dieser Krieg mit sich gebracht hat. Kämpfe, Flucht und Bombardierung zwangen die Menschen ganz eng zusammenzurücken; die Nivellierung der Lebensumstände trug das ihre zu dieser Schicksalsgemeinschaft bei.

Ivry heute

Die Altstadt

Ivry ist eine alte Stadt, sie ist nicht erst im Zug der modernen Entwicklung wie ein Pilz aus dem Boden geschossen. Seit Beginn der christlichen Zeitrechnung bestand da schon eine kleine Siedlung. Später wurde daraus ein ländlicher Marktflecken und eine Sommerfrische der Pariser. Das alte Ivry lebt im heutigen Ivry fort, vor allem in den Vierteln der Innenstadt, als ein in provinziellen Traditionen verharrendes Gemeinwesen. Es bildet, wie gesagt, nicht so sehr eine fremde als eine befremdliche Minderheit. Die etwas sonderbare Lage läßt sich am ehesten mit den Verhältnissen in einem «kolonisierten» Land vergleichen: die Urbevölkerung eines solchen Landes bleibt bestehen, empfindet aber die Nationalität und Zivilisation der Kolonisatoren als etwas ihnen Fremdes. Dafür hat diese Minderheit meist christlicher Herkunft dem «neuen Ivry» gegenüber etwas voraus, eben weil sie schon da ist und zwar länger als das «neue Ivry». Die Pfarrgemeinde der Innerstadt an der Metro ist gleichsam ihr Hauptquartier und ihr Pfarrer der legitime Vertreter der «christlichen Ideologie».

Eine proletarische Stadt

Ivry ist eine proletarische Stadt. Im Laufe des letzten Jahrhunderts ist aus dem alten Ivry eine proletarische Siedlung geworden. Der Hafen an der Seine hat die industrielle Entwicklung begünstigt und gefördert. Ivry hat etwa dreihundert kleine oder mittlere Fabriken. Jedes Unternehmen braucht Menschen; Ivry hat heute vierzigtausend Einwohner. Das Subproletariat ist derzeit nicht sehr zahlreich. Vor allem in der Nahrungsmittelbranche und in der chemischen Industrie ist die Lage ungünstig. Da gibt es die niedrigsten Löhne und am wenigsten Facharbeiter. Die einzige – oft enttäuschte – Hoffnung ist die lange Zugehörigkeit zu einer bestimmten Firma, man bleibt zwangsläufig. Dagegen verlangt die vorherrschende metallverarbeitende Kleinindustrie einen bedeutenden Anteil von Facharbeitern. Hilfsarbeiter werden hier sehr schnell zu Fachleuten. Die entsprechende berufliche Rangordnung beeinflußt nicht nur die Löhne, sie bringt im allgemeinen auch einen hohen Stand der Technik und fördert mächtige Gewerkschaften. In der Arbeitswelt von Ivry herrscht – auch außerhalb der Politik – ein starkes Klima. Es wird von Menschen bestimmt, die einen Beruf *beherrschen* oder in zahlreichen Betrieben, zumindest teilweise zur Fachkompetenz gelangen können und weil die hier dominierende Metallarbeitergewerkschaft zu den aggressivsten Gewerkschaftsverbänden zählt.

Die schnell voranschreitende Entwicklung dieser proletarischen Zone vollzog sich in unmittelbarer Nähe des alten Ivry. Doch dieses scheint weder die leidvollen Anfänge noch später die vielseitigen Aspekte einer ganz neuen Situation wahrgenommen zu haben.

Eine Stadt mit atheistischen Bezirken

Ivry ist eine Stadt mit atheistischen Bezirken. Es gibt hier Zonen, in denen der Atheismus eine eindrucksvolle Dichte erreicht. Für einen noch so elementaren Skeptizismus gibt es dort keinen Platz. Der Kirche gegenüber halten sich diese Leute schweigend abseits; wie abgestorbenes Gewebe in einem Körper übertragen sie eine Art Entkräftung. Sie erwarten alles von der Wissenschaft. Wenn aber das Leben sie enttäuscht, kommt es nur selten vor, daß sie sich einer anderen Kraftquelle zuwenden als dem Marxismus. Ich bin der Auffassung, in Frankreich führt der Marxismus nur sehr selten zum Atheismus; der Marxismus setzt sich vielmehr da fest, wo der Atheismus den Menschen in eine ausweglose Situation bringt. Anders als in manchen unterdrückten Nationen verdanken deshalb, so scheint mir, die marxistischen

Zonen Frankreichs ihren Atheismus nicht dem Marxismus. Vielmehr vermitteln sie dem Atheismus eine realistische und positive Aufgabe.

Eine Stadt im Einzugsgebiet von Paris

Ivry ist eine Stadt im Einzugsgebiet von Paris. Alles, was geschieht, wird hier von Paris aus beleuchtet und wird von da aus gleichsam auf Format gebracht. Ideen und Systeme, die außerhalb von Paris und häufiger noch außerhalb Frankreichs entstanden sind, möchten, bevor sie noch ganz erwachsen sind, in Paris ihre Jugendzeit verleben. Dort erst gewinnen Denk- und Handlungssysteme ihr eigentliches Format, ihre Lebens- und Durchschlagskraft.

Eine marxistische Stadt

Ivry ist eine marxistische Stadt. Doch, obwohl marxistisch, ist Ivry keine Stadt der Marxisten. Die dreißig Jahre kommunistischer Stadtverwaltung bedeuten, daß das öffentliche Leben Ivrys von zugleich offiziell-städtischen und kommunistischen Organisationen durchwoben ist: Städtische Gemeinde- und Gesundheitsdienste, soziale und kommunistische zugleich, Einrichtungen wie Heime und Jugendhäuser, Arbeitsvermittlung, preisgünstige Wohnblocks, Sportvereine, Filmklubs, Tanzabende, Bazare und Feste, Lokalzeitungen und häufige Versammlungen. Für jede Aufgabe werden aktive Parteileute eingesetzt. Sie sind «die Stadt». Andere Parteileute leben zwar, wie wir gleich sehen werden, unter der Bevölkerung Ivrys, sind aber anderswo für einen Arbeitsbereich verantwortlich. In Ivry sind sie offiziell nur Einwohner wie jeder andere in der Bevölkerung. Die örtlichen Funktionäre oder ihre lokalen Helfer hingegen suchen einerseits «Wähler», die im allgemeinen passiv bleiben und nur ihnen, den Funktionären, durch ihre Stimme das Handeln ermöglichen; andererseits suchen sie echte Sympathisanten, die durch das Parteibuch aktive Vermittler ihres Willens werden.

Wenn die eben erwähnten Organe erfolgreich arbeiten und in den Büros des Rathauses, bei der Arbeitsvermittlung, in Konferenzräumen, Kulturzentren und Sportvereinen Menschen zusammenbringen, die niemals Kommunisten waren und auch noch nicht werden wollen, dann ist doch jeder Beamte und jeder Verantwortliche immer zugleich und überall ein militanter Marxist, der durch die Art, wie er seine Aufgabe erfüllt, die Menschen für die Ziele begeistern soll, die er selbst verfolgt. Denken wir etwa, wie ein Beamter, der der Katholischen Aktion angehört, seinen Beruf in apostolischer Gesinnung ausübt. Diese entfernte Analogie kann uns die Rolle eines Beamten oder Funktionärs in Ivry verständlich machen.

Wer die Verbindung zu den kommunistischen oder quasi kommunistischen öffentlichen Einrichtungen in Ivry abbrechen wollte, müßte mit dem praktischen Leben dieser Stadt brechen. Er würde im lokalen Bereich ein «Staatenloser». Zwei Drittel der normalen Kontakte zwischen Christen und Nichtchristen würden wegfallen.

Schulstadt des Marxismus

Ivry als Stadt ist eine Schule des Marxismus. Durch seine große und reiche Erfahrung wurde Ivry zu einem Mittelpunkt marxistischer Ausbildung. Viele sind hier in die Lehre gegangen, bevor sie anderswo Amt und Verantwortung übernommen haben.

Da der Marxismus eine Lehre ist, die von der Aktion nicht getrennt werden kann, muß er seine Aktion unablässig an dieser Lehre messen. So wurde Ivry als lebendige Aktion zwangsläufig zu einem Studienzentrum. Jede Aktion ist ein Kettenglied der Geschichte und in diesem Sinn ein Baustein der Zukunft.

Obwohl der Marxismus schon oft seine Grundlehren gegen Abweichungen verteidigen mußte, bleibt Ivry ein Muster klassischer Linientreue. Das bedeutet übrigens nicht, daß die Menschen gleichgeschaltet sind.

Hauptstadt des Marxismus

Ivry ist eine Hauptstadt des Marxismus. Die Marxisten selbst sehen in Ivry so etwas wie eine politische Hauptstadt. Sie ist der Schwerpunkt des Wahlbezirks von Maurice Thorez. Nationale und internationale Tagungen, die zu Orten und Bewegungen der ganzen Welt Verbindungen schaffen, haben oft in Ivry stattgefunden.

Die Einwohner von Ivry

Die Kommunisten; viele sind schon als solche geboren, durch ein oder zwei Generationen politisch geformt und gebildet – eher Dogmatiker als mystisch Gläubige; ihr Kommunismus ist eher eine Sache der Tradition als eine selbst gewonnene Überzeugung. Zu jedem Opfer bereit oder schon «festgefahren», das ändert nichts an ihrer inneren Sicherheit.

Es gibt auch neuere Kommunisten: ehemalige Christen, die im Christentum nicht genug Nächstenliebe gefunden haben; sie sind getauft, aber ihr christliches Leben hat sich nicht entfaltet, der Dynamismus der Partei hat sie angelockt; sie sind Rebellen verschiedener Herkunft; Menschen guten Willens, die auf ihren Einsatz warten. Als vollausgebildete Aktivisten sind sie mit wichtigen Aufgaben betraut, ständige Mitglieder nationaler und internationaler Organisationen; große und kleine Spezialisten, verantwortlich für die «Politik» auf kommunaler, regionaler oder nationaler Ebene. Als Basiskämpfer in der Aktion und nicht in der Doktrin ausgebildet, kennen sie die *letzten* Ziele nicht und arbeiten mit aller Kraft für *unmittelbare* Ziele oder versuchen sich an der schwierigen Aufgabe wirklicher Weiterbildung: Anhänger oft von nur mittlerer Bedeutung und begrenzter Aufrichtigkeit. Sie alle bilden ein Milieu, das der Kirche unzugänglich ist, es sei denn in ihrer offiziellen Rolle.

Kirche und Christus sind für sie «verbotene Bezirke». Anders als bisweilen im kommunistischen Milieu der Provinz duldet man hier keinerlei Kompromiß wie Taufen, kirchliche Trauungen usf.

Sodann die Katholiken: ich glaube nicht, daß die Katholiken mit einem echten und oft tiefen religiösen Leben an Zahl geringer sind als die Kommunisten. Aber sie verteilen sich auf drei Pfarreien und eine Kapellengemeinde. Die Priester sind selten bekannt.

Schließlich die Indifferenten – von denen ich schon gesprochen habe und von denen später noch die Rede sein wird –, die sich in der Mehrheit an die Kommunisten halten –

während sich in den christlichen Gemeinden durch Entscheidungen, die mit Religion nichts zu tun haben, künstliche und belastende Randzonen bilden.

Die Freiheit in Ivry

An einem Punkt allerdings kann sich Ivry den integralen Marxismus nicht zu eigen machen: in den Bereichen nämlich, wo die Freiheit ins Spiel kommt. In Ivry ist man frei, wie man in Frankreich frei ist. Ich habe nicht die Absicht, die Qualität unserer Freiheit zu werten, ich meine die religiöse Freiheit, wie wir sie in einer zugleich französischen und kommunistischen Stadt haben. Was die klassischen «Guten Werke» der Kirche angeht, so besteht volle Symmetrie zwischen den Pfarrgemeinden und dem Rathaus. Der alte Kleinkrieg hat aufgehört. Als Genehmigung für Pfarrvereine, Ferienkolonien und Vinzenz-Konferenzen genügte ihr «tatsächliches Vorhandensein» am Ort, als die jetzige Stadtverwaltung ihr Amt antrat.

Wenn uns die Entwicklung nicht unrecht gibt, so sind es aber gerade die neuesten Bewegungen, die am meisten Verdacht erregen, besonders solche, die sich innerhalb der Quartiere organisieren. Da sie einer Zellenbildung ähnlich sehen, wird daraus leicht geschlossen, daß sie ein politisches Ziel verfolgen. Im unpolitischen Zwischenraum werden Sport und Musik bald von den Pfarrgemeinden, bald vom Rathaus ins Schlepptau genommen.

Ivry als Versuchsfeld

Diese Stadt, lebendig wie kaum eine andere, scheint für die Kommunisten ein Versuchsfeld der Aktion zu sein. Auf allen Gebieten, die wir erwähnt haben, wird das Leben bei aller Alltäglichkeit zu einem Experiment; ein Punkt marxistischer Doktrin hat es angeregt, und die Kritik soll es berichtigen, ablehnen oder annehmen. Vielleicht legt die Entwicklung den Schluß nahe, man wolle aus Ivry ein möglichst vollkommenes Abbild einer marxistischen Stadt machen. Ich glaube, die Dinge liegen viel tiefer; darauf werde ich später zurückkommen. Für den Augenblick möchte ich nur hervorheben, daß in dieser Stadt auch wir, die Katholiken – und manchmal in besonderem Maße – Objekte auf diesem Versuchsfeld sind.

Ob er es wahrhaben will oder nicht – ein Christ hat kein «Privatleben». Die Tatsache, daß er «zur Kirche geht», bestimmt alle seine Handlungen, sobald er aus der Kirche herauskommt –

auch wenn er seine Tür zumacht, denn «seine Tür zumachen» ist ein soziales Verhalten –, und unterstellt sie einem wissenschaftlichen Urteil, einer Analyse des religiösen Denkens und seiner Auswirkungen.

2. Eine doppelte Unstimmigkeit im Alltag

Wenn man auch nicht lange braucht, um mit dem öffentlichen Leben in Ivry vertraut zu sein, so ist doch eine tiefere Verwurzelung im Ort nötig, um in der Mentalität und in den Überzeugungen der Bewohner eine doppelte Zweideutigkeit des Marxismus zu entdecken, die den Fachleuten zweifellos bekannt ist, einen gewöhnlichen Menschen jedoch tief zu verwirren vermag. Es geht dabei um so ungewöhnliche Verhaltensweisen in einem noch so neuen Drama, daß unsere Sprache dafür noch keine eigenen Worte herausgebildet hat. Sie taugt nicht mehr dazu, Handlungen unzweideutig zu benennen, von denen wir mit den leiblichen Augen nur die Rinde wahrnehmen, die Absicht aber – gleichviel ob sie Gott oder die Menschheit betrifft – das Äußere nicht verändert. Wir meinen immer, die Zweideutigkeit liege in den Worten; in Wirklichkeit aber hat sie sich in die Fakten verlegt.

Wir werden uns nach diesem Paragraphen noch oft einer vortäuschenden Sprache bedienen müssen, und bitten den Leser, uns das zu verzeihen.

Eines bleibt bei dieser Sache bedauerlich. Das Wort ist keine Nebensächlichkeit. Im Umgang mit Christen und Nichtchristen müßte es uns als ein Präzisionsinstrument zur Verfügung stehen. Doch dieses Werkzeug fehlt uns. Dafür nur zwei Beispiele: ein Unentschiedener ist oft verblüfft, sowohl über einen Christen wie über einen Marxisten, über die Sicherheit des einen und über das totale Fehlen jeden Zweifels bei dem anderen. Wenn dieser Indifferente die Haltung der beiden anderen beschreiben will, sagt er: ihr Glaube.

In Diskussionen ist oft von Liebe die Rede. Klarer ausgedrückt müßte das «Nächstenliebe» heißen; aber dieses Wort ist in der Umgangssprache zu einer Art Almosen zusammengeschrumpft, bei dem von wahrer Nächstenliebe oft nur noch sehr wenig übrig bleibt. Auf dem Papier sieht das wie eine Kleinigkeit aus, im Leben kann es falsch gelegte Fundamente bedeuten, und Fundamente sind keine Kleinigkeit.

Der Geist *des historischen Materialismus*

Wenn der Marxismus sich auf das Proletariat als Ganzes richtet, so geht sein Einfluß dort vielleicht sehr in die Breite, aber auch sehr ungleichmäßig. Hier in Ivry stellt sich eine grundlegende Frage: War Ivry atheistisch, bevor es marxistisch wurde? Oder hat der Marxismus Ivry atheistisch gemacht?

Die Hinwendung zum Atheismus ist untrennbar verbunden mit den verschiedenen «Milieus». In Ivry sind nicht alle Milieus vertreten. Es geht hier nicht darum, ihre ideologische Entwicklung zu studieren. Einige Anmerkungen mögen genügen.

Der Marxismus befaßt sich in erster Linie mit dem Proletariat. Ich weiß aber nicht, ob es richtig ist, in der Einzahl von *dem* Proletariat einer bestimmten Stadt zu sprechen. Ich kenne nur Proletariate in der Mehrzahl, die sich in ihrer Verschiedenheit ebenso voneinander abheben, wie sie durch Gemeinsamkeiten verbunden sind. Dem Materialismus gegenüber gruppieren sich diese verschiedenen Proletariate – mit Ausnahme mancher Christen – in zwei Richtungen. In der ersten wird das Verlangen nach den praktischen Dingen, die der Handel für ein bequemeres und angenehmeres Leben anbietet, zu einem von der Mode ständig verwandelten und überholten Teil des Lebens selbst. Vespa, Kühlschrank und Fernsehapparat genügen, den Willen vieler Menschen zu polarisieren. Die Technik formt den Menschen nach ihrem Bilde. Von dieser Richtung sind es nur wenige, die nicht kommunistisch wählen; aber diese sind nicht die Wähler, die den «Geist» des Marxismus in sich aufnehmen. Sie wählen kommunistisch, weil in der Regel nur der Kommunismus die Fragen stellt, die *ihre* Fragen sind. Die Antworten der Kommunisten kennen sie für gewöhnlich nicht. Würden sie sie kennen, dann müßte ihnen aufgehen, daß diese Antworten ihrer eigenen Lebenseinstellung widersprechen; ihre Verwirklichung wäre ihnen zu mühsam. Die zweite Richtung kämpft mit allen Kräften gegen eine verschriene Wirtschaftsordnung und die ungerechtfertigten Gegensätze, die sie von Mensch zu Mensch sowohl in den elementarsten wie in den erhabensten Lebensbedürfnissen nach sich zieht.

Wenn es sich um diese Gegensätze handelt und das Gewicht der Tatsachen in den politischen Kampf zu werfen ist, scheren sich die militanten Verfechter dieser Richtung weder um die Stadt noch um das Volk; der Einzelne steht dann für das gesamte Proletariat in seiner weltweiten Bedeutung und Sendung. Wer die Leiden, die diese Gegensätze mit sich bringen, genügend kennt, dem fällt es nicht schwer, in aller Ruhe oder mit höchster Leidenschaft Beispiele vorzuführen, wo die Wirtschaft zum «Menschenmörder» wird. Einen Lohn als ungerecht oder als menschenmordend zu bezeichnen, erhitzt die Gemüter nicht in gleicher Weise. Ob man die Menschen anleitet, ungleiche Lebensbedingungen auszugleichen, oder ob man sie aufruft, zuerst einmal das Leben zu retten, davon hängt es ab, welche Leidenschaft ein psychologisches Klima erfüllt.

Für diese militanten Kommunisten ist der Lohn eine «Lebensfrage». In manchen Ländern zwingt er die Menschen, in Stadtvierteln zu wohnen, wo die Mütter fast dreimal mehr Kinder verlieren als die in wohlhabenden Gegenden derselben Stadt. Darum auch müssen die Menschen – da man nicht immer wählen kann – eine Arbeit annehmen, an der man stirbt wie an einer Krankheit oder bei der man invalid wird, weil ein solches Leben den Organismus zerrüttet.

Vor solchen Tatsachen wird der Unterschied zwischen den beiden proletarischen Gruppen in Ivry deutlich, und das obwohl beide, wie erwähnt, kommunistisch wählen. In der ersten Gruppe werden die Männer und Frauen gleichsam eins mit den erstrebten Dingen; sie selbst scheinen eine Konsequenz ihrer eigenen Technik zu werden. In der zweiten Gruppe werden die Annehmlichkeiten des Lebens zwar nicht vergessen, aber sie kommen erst nach der Sicherung lebenswichtiger wirtschaftlicher Rechte, die allen zuteil werden sollen. Ihr Verlangen verwandelt sich nicht in «Einkauf», es wird «Aktion». Für diese Aktion ist ein doppelter Preis zu zahlen: die Strapazen, die mit zusätzlichen

Pflichten nach einem arbeitsreichen Tag verbunden sind, und die Beschäftigung mit der Theorie, ohne die jede Aktion Stückwerk bleibt; man kann sich leicht vorstellen, wie mühsam das ist, wenn stundenlange körperliche Arbeit und höchste Anspannung vorangegangen sind.

Aus diesen Tatsachen ergeben sich für mich folgende Überlegungen: In einer Stadt, die schon vor dem ihr aufgepfropften modernen Proletariat existierte, hat sich trotz des christlichen Glaubens ihrer ursprünglichen Bevölkerung die marxistische Weltanschauung allein durchgesetzt. Im Zusammenhang mit dem zeitgenössischen Proletariat sind noch andere Systeme entstanden, aber keines davon hat sich durchsetzen können. Gemessen an der Einwohnerzahl hat die Partei nicht viele Mitglieder. Doch die Masse der passiven Wähler ermöglicht es ihr, das ganze Nervensystem der Stadt mit ihren Leuten zu besetzen, um so zunächst ein marxistisches Strukturmodell daraus zu machen und dann die gegnerischen oder amorphen Bereiche methodisch zu «dynamisieren». In der Gruppe der bloßen Wähler verkümmern die menschlichen Fähigkeiten immer mehr. Bei den militanten Kommunisten aber werden sie systematisch gefördert. Das Bemühen, sie bei den einen zu entfalten, bei den anderen aber verkümmern zu lassen, ist ein wesentliches Element des Marxismus.

Der Glaube *des wissenschaftlichen Atheismus*

Wenn der Atheismus versucht, die Menschen *für sich* zu gewinnen, ist er weniger auf die Zustimmung eines ganzen Milieus als auf die eifrige Hingabe Einzelner bedacht. Darum werde ich – um diese zweite Unstimmigkeit anzudeuten – nur ein einziges Beispiel anführen, das sich auf ein Milieu bezieht; die anderen verweisen auf Einzelne oder auf Familien, die mehr oder weniger miteinander in Verbindung stehen oder isoliert leben.

Wenn auch, soviel ich weiß, keiner der Wissenschaftler, die eingeschriebene Mitglieder der Kommunistischen Partei sind, in Ivry wohnt, kann ich doch ernsthaft behaupten, *daß sie alle dort sind* – so sehr ist der gemeinverständliche Teil ihrer Denkarbeit wirkliches Allgemeingut der Kommunisten. Andererseits wirkt eine Arbeiterschaft, die seit langem auf ihre Aufgaben vorbereitet und, unabhängig von ihrer Lohngruppe, mit echter Verantwortung betraut ist, wie ein starkes Scharnier zwischen der Mittelklasse und dem Proletariat. Das sind vor allem die Techniker aller Ränge in der breiten Auffächerung ihrer Fachrichtungen. So sehr die Arbeitswelt auch scharfe Trennungen zwischen Arbeitgebern oder ihren Vertretern – bis hin zu den Vorarbeitern – und Angestellten oder Arbeitern kennt, bewirkt sie andererseits auch eine Art Verwandtschaft zwischen Wissenschaftlern (Erfindern), Technikern und Arbeitern. Es zeigt sich da so etwas wie eine organische Solidarität. Ob man die Techniker als Aristokraten des Proletariats ansieht oder nicht, in Ivry sind sie jedenfalls zahlreich vertreten und begegnen hier der, wie ich glaube, bedeutendsten Gruppe der Arbeitswelt, den Facharbeitern, die auch aus Technischen Schulen – allerdings aus weniger anspruchsvollen – gekommen sind. Gemeinsam führen sie dem Marxismus für seine atheistischen Anstrengungen die stärksten Kräfte zu.

Der Techniker ist ein besonderer Menschentyp. Wissenschaft und Produktion nehmen ihn, je zu ihrem Teil, in Anspruch. Seine Arbeit hängt einerseits von Forschungen ab, die mit dem geduldigen, langsamen Schritt der Wissenschaft vorangehen; andererseits gehört dieselbe Arbeit in den industriellen Bereich, wo die wissenschaftlichen Entdeckungen möglichst schnell angewandt und für das praktische Leben nutzbar gemacht werden müssen.

Der Techniker steht der Welt der Wissenschaften zu nahe, um nicht von der intellektuellen Redlichkeit, die diese verlangt, durchformt zu sein. Die Forderungen der Produktion machen ihn mit der Bedeutung der Leistungsfähigkeit vertraut. Für seine Arbeit ist sie ihm gewissermaßen ein Beweis für die entdeckte Wahrheit. Deshalb reagiert er mit Verachtung oder Ironie auf jede idealistische Anspielung und auf alles sentimentale Geschwätz.

Andererseits stellt sich ihm in einem Universum, dessen Gesetze er respektiert, die Frage nach der Bestimmung des Menschen. Wenn es da Rätsel gibt, spürt er die Last des Universums mit ihrem vollen Gewicht. Versucht er, die Rätsel zu lösen – ohne einem Skeptizismus zu huldigen, der den einen zu bequem, den anderen zu schwierig erscheint –, so stößt er fast nur auf zwei

Hypothesen: die Hypothese des Christen, der sich ohne Taschenspielerei mit derselben Wirklichkeit auseinandergesetzt hat wie er selbst, oder die Hypothese des Marxismus, die von ihm verlangt, sein Leben und seine stets wachsenden Fähigkeiten sofort in den Dienst einer künftigen Menschheit zu stellen, deren Glück der Kommunismus zielstrebig aufbaut.

II.

Was mich Ivry vom Marxismus entdecken liess

1. Der Marxismus als pseudo-religiöse Lehre und als Aktionsprogramm

Ein lebendiger Organismus

In den marxistischen Gruppen spricht man unaufhörlich von «Organisationen». Die Erfahrung zeigt, was dieses Wort bedeutet.

Sportgruppen, kulturelle Vereinigungen, Ortsgruppen nationaler oder internationaler Bewegungen, Parteizellen in den Wohnvierteln und Stützpunkte der Gewerkschaften, Sozialwerke, politische Beziehungen – jeder sieht darin *seine* Organisationen, die Organisationen der Stadt oder der Partei. Wer anderswo von «Organisation» spricht, bezeichnet damit ein bestimmtes System der Gliederung und der Zusammenarbeit im Dienst einer öffentlichen oder privaten Gemeinschaft. Hier aber wird das Wort wieder in seinem ursprünglichen Sinn genommen und mit neuem Leben erfüllt. Es bezieht sich nicht auf die äußere Gliederung, sondern auf die lebendigen Beziehungen; nicht auf äußeres Funktionieren, sondern auf Funktionen. Es steht für eine neu entdeckte Wirklichkeit.

Die ausführliche Beschreibung Ivrys ist nur die heute zusammengefaßte Übertragung jahrelang absichtslos gemachter Beobachtungen. Wie bei der Entwicklung einer Fotografie haben diese Beobachtungen nach und nach die Umrisse jener Organisation, die Ivry selbst darstellt, hervortreten lassen – ein Kraftfeld planvoller Aktivität, die Phänomene eines lebendigen politischen Wesens.

Diese Entdeckung Ivrys erinnerte unwillkürlich an andere ganz ähnliche Städte, deren Selbstbildnis mir durch Begrüßungsreden auf Kongressen, durch Zeitschriftenartikel oder Reiseerlebnisse nahegebracht worden ist. Ihre Ähnlichkeit beruht nicht auf Imitation, sondern auf *Reproduktion*. Jede von ihnen schien denselben Keim mitbekommen zu haben und *in erster Linie* dafür da zu sein, ihn zu reproduzieren.

Einige Quadratkilometer ließen unvermittelt den lebendigen Organismus des Kommunismus ahnen und von seinen lokalen Organisationen auf den weltweiten Organismus schließen.

Ein Minimum von Scharfblick genügt, diesem Organismus überall zu begegnen, und nicht nur oberflächlich. Das jeweilige Milieu ist für ihn ein soziales «Gewebe», auf das er mehr oder minder starken Einfluß ausüben will oder kann. Die unmittelbaren Ziele, die Entscheidungen, die Mittel, die Wirksamkeit dieses Einflusses, das Zurückstellen oder Durcharbeiten der Bereiche, all das ist für die Marxisten – abgesehen von Fällen der Unfähigkeit – die zufallsfreie Anwendung einer Wissenschaft, an der man nicht zweifelt.

Der Nicht-Marxist, der diese Wissenschaft nicht kennt, kann immerhin die Erscheinungen und die Ergebnisse ihrer Anwendung nicht übersehen. Wenn die eingesetzten Mittel sich auch durch Widersprüchlichkeit, Vielfalt und Veränderlichkeit auszeichnen und darum nicht leicht auszumachen sind, so bleiben doch die Ziele immer dieselben. So kommt es, daß Aktionen, die nur durchgeführt werden, um das unmittelbar Mögliche zu erreichen, als abgeschlossen erscheinen können, obwohl ihr eigentliches Ziel erst später erkennbar wird.

Das fundamentale Paradox des Marxismus

Dies ist das große Paradox des Marxismus[3]: als Doktrin des historischen Materialismus und des wissenschaftlichen Atheismus will er der ganzen Welt sowohl eine wissenschaftliche Sicherheit bieten, in der kein Zweifel Platz hat, als auch ein Aktionsprogramm

[3] Diese Zeilen sind vor den dramatischen Ereignissen in Ungarn niedergeschrieben worden. Ich habe geglaubt, sie nicht ändern zu müssen. Diese Ereignisse sind für mich nur ein in neuen Formen vollzogener Rückgriff auf die alten Ziele und die jederzeit mögliche Aktualisierung eines typisch marxistischen Verhaltens, das ich, so meine ich, deutlich genug hervorgehoben habe.

für das Glück der ganzen Menschheit – ein ebenfalls wissenschaftliches Glück, weil er seine Gesetze und ihre richtige Anwendung entdeckt haben will. Dies ist eine der größten Aufgaben, die jemals dem Menschen innerhalb der Grenzen seiner Möglichkeiten gestellt worden ist.

Diese Aufgabe könnte der Marxismus aber nicht auf sich nehmen, wenn er nicht an eine in der ganzen Welt wirkende Kraft appellieren könnte, die eng mit dem Geheimnis der Welt verbunden ist: das Leiden der Armen. Es gibt dem Marxismus den Mut, die unvermeidlichen Schwächen eines Systems, das kein Recht auf Irrtum haben darf, zu verdecken und auszugleichen.

Die Armen und ihre vermeidbaren Leiden stehen im Mittelpunkt der Ziele des Marxismus. Sie werden in nahezu religiöser Weise ernst genommen. Für das entchristlichte oder noch nicht christianisierte Proletariat unserer Zeit scheint einzig der Marxismus diese Leiden aufzudecken und dagegen anzukämpfen.

Seit das Proletariat existiert, haben sich auch andere wirtschaftliche, gesellschaftliche und philosophische Systeme seiner Probleme angenommen; sie alle sind dem Proletariat fremd geblieben. Die Geschichte der Menschheit, wie der Marxismus sie darstellt, und sein Zukunftsprogramm antworten auf die Fragen, die dem Proletariat überall schmerzlich auf den Nägeln brennen; auf diese Fragen beziehen sich seine Verheißungen. Es geht um das Heil der Menschheit, die von einem konkreten Übel durch eine konkrete Erlösung befreit werden soll. Der Marxismus hat aus dem Leiden der Armen und der mörderischen Ungerechtigkeit unter den Menschen eine Art *sozialer Sünde* gemacht, die sich von Generation zu Generation fortpflanzt und durch gesellschaftliche Gruppen, deren Mitglieder mit dieser Sünde gleichsam identifiziert werden, immer wieder vergegenwärtigt wird. Das *Leiden der Armen* bewirkt die *Erlösung* von dieser historischen Sünde. Die Mittel dieser Erlösung sind der Haß und der vom Leiden angestachelte Kampf. Das Leiden ist sozusagen die physische Ursache des Hasses und des Kampfes; wenn es eine bestimmte Intensität erreicht, erzeugt es Haß und Kampf gegen die Menschen, die als Agenten oder Komplizen der Unterdrückung angesehen und mit ihr identifiziert werden.

Der Marxismus haßt Menschen von heute wegen *seiner* Liebe zu anderen Menschen von heute und mehr noch wegen *seiner* Liebe zur Menschheit von morgen. Er kann diese Menschheit nur an ihr Ziel führen, wenn er bis zum Äußersten seine zweischneidige Waffe einsetzen kann, wobei Haß und Liebe nicht zu trennen und bisweilen nicht zu unterscheiden sind. Schaut man auf den Lauf der Geschichte, so erscheint das gequälte Proletariat wie ein auserwähltes Volk, das seine Leiden trägt und an sich auswirken läßt.

Immer wieder muß man daran erinnern, daß der Marxismus nicht nur dem Proletariat das Glück bringen will. Er hat es der ganzen Menschheit zugedacht, aber er stellt ihr eine Bedingung: sie muß sich der Bestimmung des Proletariats unterwerfen und als vorletzte Stufe ihrer eigenen Geschichte die Diktatur des Proletariats anerkennen. Wenn die Menschheit angesichts der historischen Tatsache, daß sich die ausgebeuteten Massen als ihre natürliche Führung erweisen, sich weigert, die Umkehrung der praktischen Werte anzunehmen, verleugnet sie das Lebensgesetz ihrer Gemeinschaft.

So stellt sich der Marxismus der Mehrheit der Menschen dar, die ihm ihr Leben hingeben und – nicht mehr als ich, oft weniger als ich – sein System wirklich studieren können.

Was der Marxismus ist, zählt weniger in der Welt als der ungeheure Hoffnungshunger, den er hervorbringt. Man hat eine «Geographie des Hungers» verfaßt. Wer wird einmal die Statistik der Verzweiflung schreiben? Denn nicht weniger als das wirtschaftliche Elend zieht die Verzweiflung über eine geistlose Technik die besten «Gläubigen» zum Marxismus ab.

Die Partei

Das über Etappen Erreichte und das Endziel sind für den Marxismus nicht Sache einer Lehre *und* einer Aktion, sondern zugleich Anleitung zum Handeln und Handeln aus einer Doktrin heraus, die er in einem denkenden und tätigen sozialen *Organismus* «inkarniert» hat: «die Partei».

Die Kommunistische Partei scheint charakteristische Züge der Kirche mit erstaunlicher Symmetrie nachzuzeichnen. Es ist sicher nützlich, auf diese sozusagen umgekehrten Parallelen hinzuweisen.

Die Erlösung des Menschen durch den Menschen, die Treue zu einem Proletariat als Führer und Schöpfer der kommenden Menschheit erfordern Priester und Propheten; ihre Aufgaben übernimmt die Partei. Nach einem Abend, an dem vielleicht Blut vergossen werden muß, verheißt sie einen Morgen voller Jubel. In ihrer eigenen Gemeinschaft sind die Gemeinschaften der Zukunft vorgebildet. Sie ist das Gewissen und die Interpretin der proletarischen Aufgaben und Kämpfe; sie lädt dazu ein, das Opfer notwendiger Leiden anzunehmen. Es kann sogar ihre Pflicht sein, solche Leiden zu verursachen. Was wir empört als kalte Grausamkeit empfinden, was wir gern als Operationen «auf Kosten der Arbeiterklasse» bezeichnen, diese gewollte und vorübergehende Verschlimmerung der Leiden des Proletariats sind auch für einen Marxisten Grausamkeit, deren Ursache aber manchmal die Liebe sein kann. Diese opferbereite Liebe kennt die Partei oft aus eigener Erfahrung, denn sie ist nicht davon dispensiert. Sie glaubt, daß man in manchen Fällen für ein Volk sterben muß, und zwar freiwillig; ob das Volk es erfährt oder ob es ihm für immer verborgen bleibt, spielt hier keine Rolle.

Die Parallelität geht noch weiter.

Die Partei hat auch die «Merkmale» der Kirche in ihrem eigenen Stil. Auch sie bildet eine Einheit durch ihren praktischen Dogmatismus, durch die Unerbittlichkeit der Lehre, durch eine vielfältige, feste und streng gebundene Disziplin, durch die Bindung an ein Ziel mit dem Anspruch, das ganze Leben zu bestimmen. Auch die Partei kann sagen: «einer für alle, alle für einen»; sie könnte hinzufügen: «wo einer ist, sind alle». Von der Heiligkeit beansprucht sie das menschliche Element: den *Heroismus*. Das Proletariat muß in der Partei das Vorbild seines Kampfes sehen.

Wenn man sich an das Dutzend Marxisten erinnert, die am Ursprung des heutigen China stehen, kommt einem das Wort «apostolisch» fast von allein auf die Zunge. Doch sagen wir lieber *expansiv*. Die Partei verkündet ihre Botschaft – und sie wächst.

Universell ist die Partei in doppelter Weise: in der Gegenwart verläuft die Grenze der Armen unterirdisch und bleibt auf den Landkarten unsichtbar; für die Zukunft schließt ihr Ziel die ganze

Welt ein. *Eine Stadt* ist ihr Antrieb und das Kennzeichen ihres Zusammenhangs: Moskau. Stadt der ersten Triumphe, Grabmal des Gründers, Sitz der obersten Führung. Die Stadt sei auf sieben Hügel gebaut, schrieb jüngst eine sowjetische Zeitschrift. Bei solchem Anspruch können nur absolute Forderungen gestellt werden.

Unter anderen Namen – und daß die Namen anders sind, ist bereits bezeichnend – trifft man auf so etwas wie die «äußere Schale» von Haltungen, deren Wurzel bei uns eine Forderung des Evangeliums ist.

Es scheint mir wichtig, auf die äußere Ähnlichkeit dieser Haltungen hinzuweisen – Haltungen der Solidarität oder der Brüderlichkeit, der Generosität oder der Armut, der Disziplin oder des Gehorsams –, weil sie bei uns Christen schon die Ursache mancher Verwirrung war: Oft hat man ihre Ähnlichkeit geleugnet und statt dessen mehr ihre innere Verschiedenheit betont, oder man hat ihre Ähnlichkeit anerkannt, ohne zu betonen, wie total verschieden sie im Grunde sind. Gleichwohl aber ist es leicht, eine Grenze anzugeben, an der die Ähnlichkeit aufhört und der Gegensatz beginnt.

2. Der Geist des Marxismus

Der Geist des marxistischen Atheismus
Nicht das *Kopieren* religiöser Formen, womit der Marxismus politische Ziele verfolgt, bedeutet für ihn ein religiöses Problem. Soweit er aber ein *pseudo*-religiöses Lehr- und Aktionssystem darstellt, ist der Marxismus auch auf *religiöse Weise atheistisch*. Diese beiden Ausdrücke vertragen sich allerdings nur im Absurden.

Der Marxismus nimmt diese Absurdität in Kauf, um den eklatanten Widerspruch dieser Begriffe und ihrer Inhalte für sich zu nutzen. Damit kann er den religiösen Sinn des Menschen blenden und in einen totalen «Widersinn» verkehren, nämlich diese Energien, ohne sie zu verfremden, auf Ziele richten, denen dieser Atem fehlt. Der Mensch fühlt sich dann nicht frustriert, sondern in vollem Einsatz; sogar seine religiösen Anlagen werden so voll ausgebeutet.

Der auf religiöse Weise atheistische Marxismus ist keine falsche Kapitelüberschrift in einer philosophischen Abhandlung, sondern ein wesentliches Element – und nicht das einzige – einer erfahrenen, berührten, erfühlten *Überzeugung* bei den Kommunisten, die nicht mehr Masse noch Ausnahme sind. Der voll ausgereifte Kommunist *begegnet* Gott, um ihn zu *leugnen*, dort, wo wir ihm *begegnen*, um ihn *anzubeten*, jenseits des Experimentellen und Kontrollierbaren, kurzum jenseits der wissenschaftlichen Erkenntnis.

Sein völliges *Unangefochtensein von jedem Zweifel* läßt ihn jenseits der Grenze rein menschlicher Sicherheiten dorthin vorstoßen, wo sich Mögliches und Wahrscheinliches unablässig messen.

Doch wenn er den historischen Materialismus so in die Bestimmungen einer Zukunft «deportiert», die diesen Bestimmungen und Behauptungen nur außerhalb der Grenzen der Vernunft entsprechen kann, schwenkt er auf die Linie nicht nur eines religiösen, sondern auch eines auf Offenbarung beruhenden Glaubens ein. Die Absolutheit der atheistischen Negation der Marxisten und die radikale Pervertierung des in seinen Dienst genommenen «religiösen Menschen», ist an sich kein religiöses Faktum, stellt aber weltweit eine Frage, die ihrerseits religiös ist.

Wer nicht weiß, daß zwischen dem Geist Gottes und dem Geist des Menschen der Geist des Bösen umgeht und seine Stätte sucht, der muß entweder das Glück gehabt haben, von Versuchungen frei geblieben zu sein, oder das Unglück, sie nicht bemerkt zu haben.

Unsere Versuchungen sind menschliche Versuchungen; wo sie uns treffen, können wir nur mit unserer ganzen Person kämpfen; unsere Schwächen sind nicht von uns zu lösen, sie lassen sich auch nicht idealisieren.

Der Geist des Bösen ist keine Idee. Das ernstzunehmen, was Jesus darüber gesagt hat, entspricht dem Realismus des Evangeliums. Der Geist des Bösen ist ein «Versucher», nicht eine Versuchung. Er ist der «Fürst dieser Welt». Er ist nicht nur der «Vater der Lüge», er lügt ... und das sind nur einige Daten seines Steckbriefes. Er ist ein Geist der Lüge, der nicht *nur* in der Welt versucht, sondern *durch* die Welt.

Ein kluger Geist.

Seit die Welt im Sinne des Evangeliums zur «Welt» geworden ist, hat ihr «Fürst» sein Interesse an ihr keineswegs verloren. Er mischt sich in so geschickter Dosierung in die menschlichen Geschäfte ein, daß dort, wo er im Spiele ist, Liebe und Haß, Stolz und Entsagung, Mord und Hingabe eng beisammen wohnen. Er versucht auf jede Weise, in jeder Zeit, Epoche und Zivilisation einen Film *seiner* Welt zu projizieren.

Wenn die Menschen sich in dieser Welt zu einer Gemeinschaft zusammenfinden – in unserem Jahrhundert als Nation, als Interessengemeinschaft, als Rasse oder Klasse –, so finden sie darin eine Art Alibi für ihre persönlichen Taten. Ein kollektives Bewußtsein kann sowohl Gut wie Böse in Zweifel ziehen. Wenn der Fürst dieser Welt sich schon der natürlichen Gemeinschaften zu bedienen weiß, um wieviel mehr bedient er sich dann ihrer Nebenprodukte, der großen Kollektive unserer Zeit.

Keines ist ihm aber auf eine so erstaunliche Weise angemessen und proportioniert wie der Marxismus. Er hat wahrscheinlich bisher noch nie eine so geeignete menschliche Plattform gefunden, seinen weltweiten Versuch zu inszenieren. Dabei wird er zum *Nutznießer,* womit er sich gern begnügt, so daß die Menschen, die sich nun endlich zum alleinigen Dienst am Menschen befreit glauben, in Wirklichkeit für seinen Zweck arbeiten.

Diesen Zweck setzt er oberhalb der Menschen an, zwischen ihnen und Ihm, den er als den Lebendigen kennt. Er bedient sich der kalten atheistischen Leugnung, der von der Partei auf ihre Weise bewahrten religiösen Anlage; er beutet alles aus, was der Kommunismus Liebe, Entrüstung, Mitleid, Tapferkeit, Großmut, Hingabe des Lebens, ja Erniedrigung und Opfer nennen mag. Er scheint diese Vielfalt moralischer Akte zu verachten, worin viele sich vielleicht in ihrem Gewissen nichts vorzuwerfen haben, denn er weiß, daß sie alle, selbst wenn sie aufrichtig sind, einen aktiven bösartigen Keim in sich tragen.

Er hat schließlich den organisch *einen* Leib auszubeuten, in dem sich die Bewußtseinsvorgänge hierarchisch ordnen, um immer deutlicher die Verantwortung aller zu übernehmen.

Der Marxismus liefert ihm dazu den politischen Leib des Menschen, der sich sogar gegen den Leib des Menschensohnes zu stellen vermag, gegen den Leib, der imstande ist, die Passion der Menschheit auszuleiden, um den Tod von all dem zu erwirken, was die Menschheit schließlich als «ihre Sünde» bezeichnen wird: Gott.

Wenn der Geist des Bösen die Sünde begangen hat, den Menschen von Gott zu trennen, dann hat er offenbar diesen Bruch wie nie zuvor gleichzeitig an einem wesentlichen und doppeldeutigen Punkt angesetzt: *genau zwischen das erste und das zweite Gebot des Herrn*; er hat im Namen der Liebe zu den Menschen den Haß gegen Gott gefordert.

Angesichts der zwei Gebote

Die Kirche hat den Marxisten, die sie verfolgen, die apostolischste aller Antworten erteilt: die Antwort des Blutes, der Lager, des Schweigens. Ganze Kirchen geben in Treue das Zeugnis des Schweigens. Es breitet sich über die leergelassenen Plätze jener, die weder abschwören noch denunzieren wollten. Es lastet so dicht über Gerichtssälen, Gefängnissen und Grenzen, daß es gleichsam zur Weltsprache geworden ist für das Bekenntnis des Glaubens.

In den Ländern, in denen die Saat der kommunistischen Propaganda keimt oder schon aufgegangen ist, begegnen die Kommunisten als solche keinen Verkündern des Glaubens.

Die marxistische Welt scheint gegen das Evangelium wie durch ein Netz von widersprüchlichen Zauberformeln abgeschirmt zu sein.

Länder, die den Kommunismus für eine große Bedrohung halten, stellen ihm mehr Polizisten entgegen als Evangelisten. Sünde und Sünder verwechselnd, hassen die Christen im Namen der Liebe Gottes Marxismus und Marxisten mit demselben Haß. Andere, die der großen Ansteckungsgefahr des Marxismus sowie der von ihm bewirkten religiösen Blutarmut konkret begegnet sind, beschränken ihre Nächstenliebe aus Vorsicht auf allzu passive Kontakte. Sie lassen die «Gutwilligen» und die «ahnungslosen Gemüter» sitzen – vielleicht, um sie Gott zu überlassen –, aber sie *lassen sie im Stich*. Andere schließlich vergrößern noch die Verwirrung, indem sie die Menschen mit ihrem System ineins setzen und dem Marxismus die positiven Werte zuschreiben, die sie bei Marxisten angetroffen haben; sie lieben die Marxisten aus Bewunderung und nicht aus Mitleid. Für sie machen sie eine Ausnahme in der Bruderliebe: sie erscheinen ihnen nicht hassenswert, aber ungeeignet für die Erlösung: zu tugendhaft, um Sünder zu sein, im voraus gerettet. Diese nebelhaften Vorstellungen sind mit dem Evangelium und der Kirche Jesu Christi unvereinbar.

Um der Gefahr des Marxismus zu widerstehen und eine apostolische Antwort zu geben, ist ein und dasselbe notwendig: *die Motive für jedes missionarische Leben müssen wieder im Glauben gefunden werden, nämlich in den zwei untrennbaren und einander gleichen Geboten Christi, von denen das zweite nur deshalb so groß ist, weil es die Konsequenz aus dem ersten ist.*

Ich glaube nicht, daß gesetzliche Bestimmungen und staatliche Eingriffe genügen, um uns vor den Gefahren des Marxismus zu schützen. Zu genau treffen seine Versuchungen die Mitte unserer Nöte; zu geschickt vermag sein Scharfsinn menschliche Sehnsüchte auf zwar einseitig verstandene, aber drängende Anliegen des Evangeliums zu übertragen.

Wenn der Marxismus in den stummen Massen des Proletariats ein Echo finden konnte, so weil die Proletarier darin den Ernst einer religiösen Hoffnung spürten. Die christliche Hoffnung war seit langem dahin, aber nichts war an ihre Stelle getreten.

Der Marxismus produziert keine neue Hoffnung. Was er bringt, ist – ausgesondert und ins Licht gestellt, auf eine ehrgeizige Vernunft zugeschnitten – das «Ersatzprodukt» für das, was Generationen auf natürliche oder übernatürliche Weise erhofft haben. Die Verzweiflung, die gefährlichste Mangelerscheinung des Atheismus, kann er daran hindern, unerträglich zu werden.

Was uns betrifft, sollten wir vielleicht wissen, daß ein so absolut gewordener Atheismus – ob marxistisch oder nicht – auf mehreren Wegen angegangen werden kann, daß aber die Begegnung mit ihm nur auf dem einzig ihm angemessenen Boden «durchzustehen» ist: auf dem Felsen unseres Glaubens.

Hier setzt sich die umgekehrte Parallelität fort, die wir zwischen der Kirche und dem Marxismus festgestellt haben. Aber in diesem streng religiösen Bereich wird diese Parallelität zu einer

Anklage gegen den Atheismus, der sich ohne Tarnung gar nicht auf dieses Gebiet hätte vorwagen können.

Unter dem spitzen Winkel des Glaubens muß der Kampf des Christen bis an die eine Grenze vorstoßen, wo ihm der Sieg verheißen ist. Der Christ muß wissen, daß er in diesem Kampf nicht *irgendwelche* Feinde hat; er hat in sich selbst wie in jedem Menschen einen Gegner: all das, was ihn hindert auf dem Weg zu Gott. Der christliche Kampf, wenn er wahrhaftig sein will, ist ein unerbittlicher, richtet sich aber nur gegen Menschen, die man liebt wie sich selbst, und dies mit Waffen, die man auch für sich selbst für die richtigen hielte.

Auf dem gleichen lebendigen Felsen, dem Glauben, müssen auch die vom Marxismus verfügten Martyrien, öffentliche oder verheimlichte, durchgestanden werden, dort wo auch das geduldige Ausharren des Christen im marxistischen Umfeld unserer Länder gelebt werden muß.

Über unseren Glauben ruft uns die Kirche alle zu unsichtbaren Versammlungen, denn unsere Treue mitten in der ungeheuren Vielfalt des Zeugnisses muß *ein und derselben* Quelle entspringen. Die Treue verlangt dort Heroismus, hier verlangt sie Mut. Doch ohne das Licht und die Kraft des Glaubens würde den einen der Mut fehlen, den anderen der Heroismus, denn immer wird uns allen derselbe Verrat angeboten: die Treue gegen den Menschen und die Treue gegen Gott auf die gleiche Ebene zu stellen.

ZWEITER TEIL

BEGEGNUNGEN ZWISCHEN CHRISTEN UND MARXISTEN IN JÜNGSTER ZEIT

I. Diese Begegnung verlangt mehr als eine Folge von Improvisationen

II. Christliche Präsenz genügt nicht

III. Notwendigkeit des Apostolats

IV. Forderungen dieses Apostolats

Da ich weiß, wie leicht die marxistische Ansteckung als eine nahezu unabwendbare, schicksalhafte Bedrohung für einsatzfreudige Christen angesehen wird, möchte ich gleich zu Beginn diese angebliche Schicksalhaftigkeit erörtern. Wenn man sie als eine erwiesene Tatsache ansieht, dann wäre sie allerdings Grund genug, jedes Apostolat bei den Marxisten zu untersagen, so notwendig es dort auch sein mag.

Nun aber werden die Elemente zur Beurteilung dieser Frage durch Tatsachen vorgegeben, die selber dem Pessimismus Vorschub geleistet haben.

Diese Tatsachen muß man sich gegenwärtig halten, wenn man gegen die allgemein verbreiteten Auffassungen auf diesem Gebiet angehen will.

Noch ein anderer tieferer Grund veranlaßt mich, diese Tatsachen nicht aus dem Blick zu verlieren. Die Kirche ist kein Handbuch für rechtes Verhalten. Alles an ihr ist Leben in lebendigen Menschen. Wenn ein missionarischer Gedanke entsteht, wenn er ans Licht tritt, ist er meist im Herzen und im Geist von Menschen ausgetragen worden, denen er weiterhin verbunden bleibt. Darum ist jede apostolische Präsenz bei Marxisten, heute oder morgen, in lebendiger Weise mit denen solidarisch, die als erste dort gewesen sind und trotz mancher Rückschläge, Verirrungen und Schwankungen mit so viel Heroismus, Geduld und Liebe gewirkt haben, daß selbst die imposante Liste von Irrtümern ihr Zeugnis nicht abzuschwächen vermochte.

Wer solche Anfänge mitgemacht hat, ist offenbar auf Schweigen angewiesen. Deshalb rede ich nicht von ihnen.

Schuldete ich ihnen nicht den Respekt meines Schweigens, so könnte ich nur von Dankbarkeit ihnen gegenüber sprechen.

Meist wird der Marxismus allzu leichtfertig – als die Hauptursache der eben erwähnten schmerzlichen Entfremdung von Christen – von manchen für schuldig erklärt, von anderen entschuldigt.

In Wirklichkeit scheint es, daß der Marxismus zwar selten die unmittelbare, oft aber die mittelbare Ursache davon gewesen ist.

Die Hauptursache an solchen Störungen scheint vor allem – also nicht ausnahmsweise – eine religiöse Erschlaffung gewesen zu sein, ein Vorspiel, doch ein entscheidendes Vorspiel zu dem Drama, in dem so viele Christen auf der Strecke geblieben sind.

Im Kontakt mit der aggressivsten Form des Atheismus dachten manche Christen, die nur von der Großherzigkeit gehört hatten, die Christus von ihnen verlangt, Missionar *zu werden bedeute, Hunger, Erschöpfung, Müdigkeit und Armut auf sich nehmen. Sie wußten nicht, daß sie im Heilsplan nicht dazu eingesetzt waren, Leiden zu heilen, sondern Sünden zu sühnen wie ein Trappist oder eine Karmelitin. Sie waren zum eigenen Sterben verurteilt. Dazu waren sie nicht gerüstet, denn sie wußten nichts davon. Es war das äußerste Wagnis, und sie waren nicht gewarnt worden. Wenn der eine oder der andere gefallen ist, hier ist der Grund dafür zu suchen.*

Als gewisse wohlmeinende Richter, die niemand um ihr Urteil gebeten hatte, spontan damit begannen, eine Liste von Irrtümern aufzustellen, und – was ebenso wenig von ihnen verlangt worden war – auf Fichen festzuhalten, so hätten sie ihre Feder beiseite legen können und sich einmal die Leute anschauen, diese tödlich Erschöpften wirklich anblicken sollen. Vielleicht wären dann aus Richtern Ärzte geworden. Vor allem wäre ihnen vielleicht eingefallen, daß auch das Leben des Gerechten *von Anfechtungen heimgesucht wird, wie den* Gerechten *am Ölberg, der aus Angst, allein kämpfen zu müssen, vergeblich seine Gefährten aus dem Schlaf zu reißen suchte, den einer nach dem anderen verließ, den die eine Geste einer Unbekannten am Straßenrand auf dem Weg nach Kalvaria als* Nächsten *grüßte; der vor seinem Tod Gott, seinen Vater, gefragt hat, warum er ihn verlassen habe. All dies, um uns beizubringen, daß alle Unglücklichen, die von Menschen im Stich gelassen werden, sich von Gott verlassen glauben.*

I.

Diese Begegnung verlangt mehr als eine Folge von Improvisationen

1. Die Tatsache der marxistischen Ansteckung

Wenn man vom Apostolat unter Marxisten spricht, muß man fast unvermeidlich an Vorgänge denken, die uns noch so gegenwärtig sind, daß man kaum noch von Erinnerungen reden kann. Die Frage, die sich bei manchen Gesprächspartnern vermuten läßt, möchte ich – vielleicht ein wenig brutal – einmal so formulieren: «Die marxistische Propaganda hat in wenigen Jahren mehrere missionarische Gruppen oder Bewegungen zerstört oder amputiert, sie hat ohne merklichen zeitlichen Unterschied die stärksten wie schwächsten Persönlichkeiten verschlissen; hier hat sie ihr Machtpotential auf einen einzigen konzentriert, dort einen Pessimismus gegenüber dem Religiösen ganz allgemein und dem Katholizismus im besonderen verbreitet: werden die Glaubenszeugen einer solchen Propaganda gegenüber standhaft bleiben können oder wird man im voraus fragen müssen, wie viele von ihnen dieser gleichsam unvermeidbaren Ansteckung erliegen werden?»

Läßt sich die Angst vor einer gleichsam unvermeidbaren Ansteckung rechtfertigen? Eine Antwort auf eine so allgemeine Frage vermag ich nicht zu geben. Wo es aber um Dinge geht, die ich – wenn vielleicht auch nicht erschöpfend – kenne, immerhin mindestens so gut wie andere und aus eigener Erfahrung –, da betrachte ich es als meine Pflicht zu sagen, was ich darüber denke.

Es ist richtig, daß die «verwirrenden» Ereignisse, die wir seit einigen Jahren miterleben, den Gedanken einer nahezu unabwendbaren marxistischen Ansteckung nahelegen und dafür die kommunistische Propaganda verantwortlich machen, vor der unser Glaube zusammenbrach. Mit dieser Erklärung bin ich jedoch nicht einverstanden. Wenn etwas bei der tragischen Begegnung von Christen und Marxisten den Sieg davongetragen hat, dann nicht die marxistische Propaganda, sondern das kommunistische Leben und die Praxis eines von diesem Leben untrennbaren Systems. Wenn irgend etwas zusammengebrochen ist, dann nicht der Glaube. In diesen Kämpfen war nicht der Glaube *der* Verantwortliche, denn er allein hatte das Zeug, eine solche Auseinandersetzung zu bestehen. Man hat *gegen* zu viele Dinge gekämpft – während der Marxismus allein den Ausgang entschied – man hat *mit* zu vielen Mitteln gekämpft: mit zu wenig Glauben und zu vielen Dingen, die der Bedrohung nicht Herr werden konnten.

Nein, um Gottes willen kann man Gott nicht verlieren. Soll das zugleich heißen, daß Gott uns schutzlos läßt, wenn es um seine Ehre geht? Soll das heißen, daß Christus plötzlich aufhört, der Erlöser zu sein, der er doch ist und bleiben wird? Hat er, der unseren Glauben fordert und dem wir gleichsam tastend folgen, uns nicht in menschlicher Rede und mit verständlichen Worten seine Treue zugesagt?

Der Marxismus hat seine Ansteckung, der Glaube aber seine sich ausbreitende Kraft. Die marxistische Propaganda vermag den Menschen geistig zu beeinflussen, der Glaube aber ist Leben, das sich mitteilen will und sich ausbreiten kann; die Propaganda einer Ideologie ist menschlich, die Ausfaltung eines Lebens göttlich. Man wird zwar gelegentlich die menschliche Logik, wenn sie an ihre Grenzen stößt, aufgeben müssen und sich an die göttliche Logik halten. Hier aber, wo es um Gott geht, kann ich in einem Aufgeben der Hoffnung keine göttliche Logik sehen. Denn wenn wir mit der göttlichen Logik zu tun haben, verweist sie uns in die Ordnung des Geheimnisses. Befassen wir uns aber mit menschlichen Angelegenheiten, in die menschliche Logik Klarheit bringen soll, so besteht die Weisung, die der Glaube uns schenkt, darin, Licht in die Sache zu bringen.

Eine erste Klärung, die wir anstellen sollten, ist festzustellen, wann, wo und wie der Marxismus die Oberhand über uns gewonnen hat.

2. Einige Gründe dieser Ansteckung

Ärgernisse aus Unwissenheit

Jede Ansteckung trifft auf sie abwehrende oder erleichternde Umstände. Nichts aber erleichtert die marxistische Ansteckung mehr als die Unwissenheit. Deshalb hat eine Untersuchung dieser Ansteckungsgefahr sowie die Klärung der Frage, ob sie nicht nur einzudämmen, sondern zu überwinden wäre, sowohl in diesem Bericht wie auch im Leben allen Zukunftsplänen vorauszugehen.

Häufige Unfälle auf einer neuen Straße beweisen nicht die Nutzlosigkeit dieser Straße, sondern ihre fehlerhafte Anlage oder eine schlechte Verkehrsregelung, also die Unkenntnis der Gefahren, die gerade auf *dieser* Straße lauern. Was für einen Verantwortlichen, für uns selbst oder in gewissen Fällen für einen bloßen Zeugen schlimm ist, daß er sogar von seinem Nichtwissen nichts weiß, selbst wenn ein Unfall die tatsächlich vorhandenen Gefahren erwiesen hat. Wenn Verantwortliche aus Katastrophen nichts lernen, dann braucht man auch nicht von Risiken zu reden; das Wort ist bereits überholt.

Solche Risiken haben wir oft, ohne es zu wissen, auf uns genommen. Wenn gewisse apostolische Einsätze damit nicht fertig geworden sind, so weil sie einer Gefahr erlegen sind, während sie gegen eine andere kämpften; oder weil sie zu sehr an die ihren Brüdern drohenden Gefahren dachten, ohne die eigene Gefährdung zu bedenken.

Die Christen sind auf ganz verschiedene Weise dieser Gefahr der marxistischen Ansteckung ausgesetzt worden. Die einen – selber Proletarier, Arbeiter, Angestellte, Techniker – lebten Seite an Seite mit Kommunisten, ohne daß sie die Verkettung der Umstände, die zu diesem Zusammenleben geführt hatte, selber gewählt hatten. Selbst wenn ein Christ sich nicht «freiwillig» für das Leben eines Proletariers entscheidet, das Risiko, wenn auch verändert, bleibt zweifellos bestehen: *daß es Christen gibt, die weder ihre Arbeit, noch ihre Arbeitsgefährten, noch ihre Lebensbedingungen selber gewählt haben.* Nicht wenige von ihnen würden durch dieses oder jenes Ereignis eine Erschütterung erleiden, das sie, wenn nicht ganz aus der Bahn werfen, zumindest verunsichern und isolieren würde.

Die übrigen waren Priester oder Laien, die selber nicht dem Proletariat entstammten, aber vor etwa fünfzehn Jahren beschlossen hatten, zu den städtischen und ländlichen Massen zu stoßen, deren Entchristlichung mit jedem Tag weiter fortschritt.

Nicht für alle unter ihnen erfolgte der missionarische Ruf auf dieselbe Weise. Die einen entschlossen sich zur Mission, weil ihnen die Sorge um den «Abfall» der Arbeiterklasse durch einen Papst nahegebracht worden war. Andere, die mit Christus arm sein wollten, suchten – so wie andere Menschen nach Reichtum streben – ein Leben, das ihnen erlaubt, «unter *Armen* arm» zu sein. Noch andere schließlich suchten die Heimat dieser armen Menschen, um – selbst arm geworden – Christus einen der Beweise zu geben, die er sich selber gewählt hat: «Den Armen wird die Frohe Botschaft verkündet.»

Bei der Suche nach einem «unzugänglichen» Proletariat entdeckten die Missionare, wie «fremd» sie diesem geworden waren. Als sie dem Proletariat da begegneten, wo ihm allein zu begegnen ist – anderswo wäre es ja nicht mehr Proletariat –, fanden sich beide, die einen wie die anderen, einem Unbekannten gegenüber. Vollauf damit beschäftigt, das Proletariat kennenzulernen, es zu hören und zu verstehen, haben sie übersehen, daß gerade in so dichten Umfeldern oft zwei Fakten beisammen wohnen, aber doch getrennt bleiben: das Proletariat *und* der Marxismus. Diese beiden Fakten bezeichneten unsere Neuankömmlinge mit einem einzigen Namen: das Proletariat. Diese Christen hatten sich entschlossen, jedem Intellektualismus zu entsagen, denn es war ihnen klar geworden, daß sie sich mit ihrer sozialen Sprache und ihrer Geistesbildung nicht verständlich machen konnten. Hingegen erkannten sie die «Wortfalle» nicht, die dieselbe Sprache diesmal ihrem eigenen Denken stellte. Wenn dasselbe Wort verschiedene Wirklichkeiten bezeichnet, dann verursacht es Mißverständnisse zwischen den Menschen und dem Leben. Und wenn ein solches Mißverständnis die missionarische Arbeit schon zu Beginn verfälscht hat, so wird es sich im weiteren Verlauf nur teilweise klären lassen. Ein doppelsinniges Wort wird schwerlich ein sicheres Urteil ausdrücken können.

Eine neu entdeckte Ungerechtigkeit

Was ein Christ sonst nur langsam und etappenweise über das Proletariat erfährt, das entdeckt er auf einen Schlag, wenn er zum Proletariat stößt: den zwischen den Menschen von Menschen geschaffenen Unterschied in den Lebensbedingungen. Er verurteilt sich selbst als ungerecht, da er selber, unbewußt und ungewollt, zum Nutznießer und Komplize einer institutionellen Ungerechtigkeit geworden ist. Er hat noch Glück, wenn er nicht allzu schnell den Beweis dafür erhält, daß diese Lebensbedingungen über kurz oder lang zum Tode führen können.

Gleichzeitig begegnet er mitten unter dem Proletariat dem Kampf des Marxismus, der sich erbittert gegen das wirtschaftliche Unrecht richtet und sich für ein Glück einsetzt, das Geld und materielle Güter weit übersteigt. Bringt der Christ ein Bündel von seiner Herkunft bestimmter oder persönlich entwickelter sozialer Überzeugungen mit, dann vergleicht er, was er bisher von der Gerechtigkeit «gedacht» hat und was nun die Tatsachen ihm beibringen. Tatsachen reden eine deutliche Sprache. Er läßt sich von ihnen unter Anklage setzen und verwirft seine beruflichen, politischen oder sozialen Ansichten, ohne sie zu überprüfen, als einen aus Büchern bezogenen Moralismus, den man vergessen kann.

Ist dieser Christ nicht durch einen brennenden Sinn für Gott zum harten Kampf gegen das Böse gezogen worden, so wird er nun von der Kampfstimmung seiner Umgebung «dynamisiert», die allein schon durch das Wort «Gerechtigkeit» – selbst wenn die Taten dazu im Widerspruch stehen – eine sehr breite Front mobilisiert. Er erinnert sich daran, daß diese Mißstände: Arbeitslosigkeit, Obdachlosigkeit, soziale Unsicherheit, die Erniedrigung und Einsamkeit des Alters, auch von den Päpsten angeprangert worden waren, und wie sich die Heiligen in ihrem Leben mit Leib und Seele damit auseinandergesetzt haben. Aber er wird nicht verstehen können, daß so viele Christen all dem um Gottes willen weniger Bedeutung beimessen als die Marxisten um des Menschen willen.

Ein neu entdeckter Sinn der Geschichte

Besser als alle theoretische Unterweisung hat das liturgische Leben diesem Christen immer wieder beigebracht, daß die mit den Schritten ihrer Kinder immerfort durch die Zeit pilgernde Kirche vor allem Bewegung braucht; Bewegung als die Voraussetzung sowohl für die «Bewahrung des Glaubensgutes wie zu seiner Weitergabe». In seiner näheren Umgebung war allerdings diese Bewegung der Weitergabe nicht immer spürbar gewesen. Den Glauben bewahren bedeutete in seiner Umgebung eher, die Vergangenheit bewahren. Man mühte sich oft mehr um die Bewahrung des Glaubens als um seine Verbreitung.

Der Marxismus präsentiert sich dem Christen wie ein Geschichtslehrer, der in seinen Vorlesungen die Geschichte von morgen machen wollte. Dabei begnügt er sich nicht mit Erinnerungen und Projekten. Er verlegt in die Gegenwart oder Zukunft, was ihm in der Vergangenheit als Material für *seine* Konstruktion geeignet erscheint... Der Rest wird verschrottet, um damit den Boden zu bereiten, auf dem er morgen voranschreiten kann.

Wenn man in einem aktiven marxistischen Milieu lebt, wird man unweigerlich auch an ein Verlagshaus mit angeschlossener Druckerei denken müssen.

Kaum zu Ende, bekommt ein Ereignis historischen Wert. Interpretiert, ist es bereits Unterweisung; veröffentlicht, ruft es nach Fortsetzung. So werden auf den Regalen der Buchhandlung, kaum gedruckt und broschiert, die aktuellen Ereignisse feilgeboten, während die heutigen – und ihre Unterweisung – bereits im Druck sind. Auch diese Gegenwärtigkeit, die ihre Zukunftshoffnung sagt, singt und niederschreibt, weckt in unserem Christen brachliegende Fähigkeiten.

Eine neu entdeckte Armut

Fast immer war es die Sorge um eine konkrete Treue zu den im Evangelium seliggepriesenen «Armen» und zur Armut, die Christen in das proletarische Milieu geführt hat. Die Armut hat sie angezogen. Ausgerechnet auf diesem Gebiet versetzt ihnen der Marxismus – von dem sie, bevor sie ihm begegnet waren, kaum eine Ahnung hatten – den vielleicht härtesten Schock. Vergessen wir nicht, daß er sich *zugleich* mit dem Schock der Gerechtigkeit ereignet und dem – bisweilen weniger harten – der Zukunftsgläubigkeit und -taktik. Bei den «Armen» gibt es immer schon Menschen, die sosehr die Berufung zum «Armen» zu haben scheinen, daß sie aus der Situation des Armen eine Art Motor gemacht haben, um eine Welt in Bewegung zu setzen, ein gleichsam erbärmliches und gigantisches Instrument, stets zerbrochen und neu geschmiedet, um damit eine Welt zu bauen, in der es keine Armen mehr gibt. Diese Menschen scheinen zu glauben, daß ihre Aufgabe soviel Heldentum verlangt und so rasch verschlingt, daß es meist namenlos bleibt. Der Christ glaubt, hier alle Formen freiwilliger Armut beisammen zu sehen.

Die Nichtbeachtung eines gewissen natürlichen Gleichgewichts
Es darf nicht übersehen werden, daß die durch diese Initiation gleichzeitig erlittenen Schocks oft übergangslos auf die Vertrautheit einer Umwelt folgen, wo bekannte Schwierigkeiten die Rolle von praktischen Tests spielen, wo große und kleine Freuden anspornen und neue Kraft verleihen. Die Arbeit war dort der persönlichen Begabung oder ererbter Neigungen entsprechend gewählt worden. Die physischen und psychischen Kräfte wurden dabei nicht anarchisch verschlissen, wie dies bei so vielen proletarischen Aufgaben der Fall ist.

So scheint eine beträchtliche Bemühung um Information unerläßlich, um den Verantwortlichen zu ermöglichen, Anzeichen der Sättigung, der Toleranzgrenze und Erschlaffungen im voraus wahrzunehmen. Eine im vorhinein erkannte schwierige oder unangemessene Situation kann dann nicht so rasch zu einem Anlaß von Ängsten werden.

Weitere Richtigstellungen stehen an und sollten seit Jahren geklärt werden. Der Glaube enthebt uns nicht der intellektuellen Redlichkeit, wenn es darum geht, einzelne Tatsachen, ob wir sie selber erlebt haben oder nicht, klar und deutlich zu sehen.

Ich hoffe, daß es mir gelungen ist, die so vielfältigen wie unerwarteten Risiken dieser turbulenten missionarischen Aufbrüche verständlich darzustellen. Lieber aber noch möchte ich andeuten, wie man, trotz der damals begangenen Fehler und ihrer Nachwirkungen, mit derselben Kühnheit, doch ohne dasselbe Durcheinander neu aufbrechen könnte. Es genügte, die Gefahren und unsere Mittel, sie zu überwinden, als das, was sie sind, konkret darzulegen und zu behandeln.

Ich erinnere mich meiner großen Verwirrung, als ich erfuhr, wie großes Gewicht die Kirche auf die *Eignung* legte, wenn es um eine Berufung ging. Seither haben die Fakten das ihre dazu getan, meine Verwunderung zu dämpfen. Dieselben Fakten haben mich beim Anlaufen der verschiedenen Aktionen der Mission de France zur Überzeugung gebracht, daß ihnen eine größere Erfolgsgarantie solange versagt bleibe als die besondere Eignung für eine solche Lebensform nicht klar umrissen sei. Wenn der Zölibat eines Priesters oder einer Ordensfrau *zumindest* ein normales inneres Gleichgewicht erfordert, so fordert der Zölibat eines Mannes oder einer Frau, der zu den Schwierigkeiten des Zölibats noch die Schockwirkung eines neuen Milieus *hinzufügt,* ein *überdurchschnittliches* Gleichgewicht.

Ich weiß nicht, wie der gesunde Menschenverstand physisch und psychologisch zu definieren ist, man tut ihm aber bestimmt nicht zuviel Ehre an, wenn man ihn als eine der unersetzlichen Grundlagen der Eignung ansieht. Ein labiles oder auch nur ungefähres Gleichgewicht würde im marxistischen Milieu ebenso leicht zerstört wie der Allgemeinzustand eines im Flugverkehr eingesetzten Herzkranken. Der Vergleich gilt ebenso für den Bereich der Arbeit: Fabrik, berufliche Qualifikation, besondere Merkmale der Ermüdung usf. Jedes dieser Elemente wird zu teuer bezahlt, wenn dabei das Gleichgewicht schon im ersten Anlauf schwer gestört wird.

Die Verantwortlichen haben vielleicht die Wichtigkeit dieses Gleichgewichts unterschätzt. Nicht irgendein Gleichgewicht genügt übrigens, es muß vielmehr ein abgewogenes – dieses Wort scheint sich mir am ehesten zu eignen – Gleichgewicht aller Kräfte sein, die das Temperament, den Charakter und den ganzen Menschen widerstandsfähig oder verletzlich machen.

Ein Beispiel – ich habe es schon angeführt – scheint mir besonders lehrreich und erwähnenswert zu sein: die Eignung zum Zölibat.

Die frömmsten Zölibatäre, die ich kennengelernt habe, Zölibatäre, die den Zölibat allein um des Himmelreiches willen gewählt haben, hatten auf den ersten Blick nichts an sich, was auf ihre Berufung hingedeutet hätte. Hingegen hatten sie ein reichliches Maß an Willenskraft mitbekommen, die sie nun zu einem guten Willen zu machen versuchten. Und wenn auch nicht jeder als ein Ausbund an Demut erschien, so bemühten sie sich doch, demütig zu werden oder wußten wenigstens, daß sie es nicht waren. Umgekehrt ließen sich andere, denen man nicht eben ein «wildes» Temperament nachsagte, von ihrem «sanften» Temperament kampflos bezwingen, weil gar keine Kraft zur Verteidigung vorhanden war.

Immer noch unter diesem partiellen Aspekt ist es nicht unwichtig, auch auf Folgendes hinzuweisen: Wenn mancher den Zölibat aus denselben Gründen aufgibt, wie man andere Positionen aufgibt – Arbeit, Verpflichtungen, Lebensweise, Umgebung –, dann war er ein unterbewerteter Zölibat, auf den man fast stolz war, weil man darunter nicht zu leiden hatte; man hatte aber nicht den Stolz zuzugeben, daß man stolz war, daran zu leiden.

Wenn aber das Wahrnehmen des inneren Gleichgewichts *eine* Sache ist, so ist seine Kräftigung und Ausweitung eine andere. Dazu müssen wir auf sein «natürliches Umfeld» zurückgreifen, auf seine Grundlage: die Familie.

Man sollte jedoch nicht verschweigen: auf dem Land und in den Städten, in jedem Milieu Frankreichs sind die «normalen» Familien so selten geworden, daß man die Reaktionen der meisten jungen Zuhörer, wenn man von der Familie spricht und wie sie sein soll, keinen Augenblick aus den Augen lassen darf.

Ob nun der Krieg eine Lücke in die Familie gerissen hat oder ein Mitglied der Familie einfach verschwunden ist, ob die Familie in die Verwicklungen von Trennung, Scheidung, Wiederverheiratung geraten oder durch politische Gegensätze oder unterschiedliche Interessen gespalten ist – die Bindungen einer solchen Familie haben ihre sogenannte natürliche Festigkeit eingebüßt und sollten durch einen anderen Halt gestützt werden. Selbst wenn diese Bindungen normal sind, so hält sie der Heranwachsende für brüchig oder macht sie im Namen seines Dranges nach Befreiung brüchig. Als «junger Erwachsener» aber wird er eine einfache und starke Hochachtung für solche integrierenden Bindungen gewinnen müssen.

In dem Moment bis hinein in anormale Situationen wird diese vielleicht weniger instinktive als durch das Göttliche ihm eingeprägte Hochschätzung für ihn unentbehrlich, wenn er ein reifer Mensch werden will.

Ganz besonders, wenn sich die Frage nach einer missionarischen Berufung stellt, und das heißt immer Berufung zum Aufbruch – ohne Aufbruch ist Mission wie und wo immer gar nicht möglich –. Diese Frage kann sich nur ein Erwachsener unter Berücksichtigung aller bestehenden Bindungen klar stellen. Die Antwort auf das «Folge mir!» Christi erweist sich als echte Treue, wenn sie der Familie gegenüber, der sie dem Fleische nach angehört, eine natürliche und übernatürliche Schuld anerkennt. Nur selten ist ein echter Aufbruch nicht schmerzlich. Selbst die Freude einer Liebesheirat wird oft von diesem Schmerz begleitet. Ein missionarischer Aufbruch, der vom Leiden nicht gezeichnet wäre, ist ungewöhnlich: Er könnte bloße Flucht, vielleicht sogar eine Ausflucht sein, zu der einer sich entschließt, bevor er die menschliche Reife erlangt hat, oder weil er unter dem Schock von Lebensumständen steht, aus denen er nichts gelernt hat. Nur ein echter Aufbruch führt zu dem von Gott gesetzten Ziel.

Wären diese hier vielleicht etwas vereinfachten Feststellungen in Taten umgesetzt worden, hätten sich vielleicht manche Abenteuer verhindern lassen. Sie könnten jedenfalls dazu beitragen, daß die durch die missionarische Sendung gegebene Trennung für die Menschen, die ohnehin schon unter dem Abschied leiden, nicht noch durch einen affektiven Bruch verdoppelt wird. Sie könnten auch einen psychologisch gesicherten Boden bilden, auf dem man unter den neuen und verwirrenden Eindrücken weniger leicht ins Rutschen kommt.

Redlichkeit wird weiterhin auch von denen verlangt, die für Christen, die aus einem anderen Milieu zum Proletariat stoßen, in irgendeiner Weise verantwortlich sind. Diese jungen Menschen müssen in die Demut eingeübt werden – denn, nochmals, sie ist Wahrheit –, damit sie gerüstet sind, das Leben der Proletarier zu teilen, ja vielleicht sogar für Proletarier gehalten zu werden, ohne es aber jemals zu werden. Denn Proletarier sein, heißt vor allem, es gezwungenermaßen sein, während sie es doch frei gewählt haben. Eine volle Angleichung wird ihnen nie gelingen; sie bleiben unheilbar Privilegierte.

Mit dieser Gewißheit zum Proletariat stoßen, würde zweifellos sterile Verstellungskünste, idealistisches Spielen mit der Wirklichkeit, alles Folgen eines Zwitterlebens ausschließen.

Man sollte also erst recht nicht die Großmut übersehen, die eine solche Geisteshaltung erheischt. Denn obwohl diesen «Einwanderern» unter dem Proletariat der Mißerfolg in der «Verwirklichung» verheißen ist, haben sie soviel an Härte, Geduld, Entsagung und Bereitschaft zu brüderlichem Teilen aufzubringen, wie es, wenn sie tatsächlich Proletarier wären, von ihnen gefordert wäre. Über das hinaus, was sie sein oder nicht sein werden, wird ihnen ihre Rolle als Missionare Jesu Christi vor allem das abfordern, was sie nicht sein dürfen, was sie nicht mehr sein dürfen.

Unter dem Proletariat ein Nicht-Proletarier zu sein, ist nichts bloß Negatives; damit sind vielmehr Hypothesen verbunden, von denen man die eine oder andere Bestätigung erwartet.

Er kann ein «Feind» sein: schon sein Name, sein Geburtsort können zuweilen genügen, um ihn mit einer bestimmten Familie, unter welcher der eine oder der andere zu leiden hatte, in Zusammenhang zu bringen; dann hat er den Beweis anzutreten, daß sein Atavismus ihn nicht belastet.

Er kann eine Art «Barbar» sein: ich habe einmal in Arbeiterkreisen über Sitten und Gebräuche gewisser anderer Milieus reden hören, und in diesen über Sitten und Gebräuche der Arbeiter. Beiderseits ging es um Legenden – der Ausdruck ist nicht übertrieben – anstelle von Informationen. Eine Legende aber vermag vor dem Leben nicht bestehen; und der «Barbar» kann ein anderer Mensch werden – ein anderer als der in der Legende und anders, als er vorher war.

Er kann auch ein «Fremder» sein, den man eines Tages zufällig angetroffen hat. Wenn man ihn wieder trifft und er in einer Straße wohnt, die man kennt; wenn er von einer Arbeit lebt, die man ebenfalls kennt; wenn er in derselben Kantine ißt, dann kann er, auch wenn er kein Landsmann ist – kein «Fremder» mehr sein.

Als man in den ersten Anfängen der missionarischen Bewegungen Frankreichs von der Notwendigkeit sprach, daß ein Missionar sich in der Arbeiterwelt «naturalisieren» müsse, so war das völlig richtig ausgedrückt, sofern die Tatsachen den Ausdruck deckten, ohne darüber hinauszugehen. Nach dem Gesetz ist die «Naturalisierung» ein Verwaltungsakt, der einem Landfremden auf sein Begehren dieselben Rechte verleiht, die alle im Lande Geborenen besitzen. Der Antrag wird vom Bewerber gestellt; die Annahme ist Sache des Landes auf Grund bestimmter sozialer Verbindungen: Sprache, Sitten, geleistete Dienste, Aufenthaltsdauer usw. Doch die Naturalisierung schafft keine natürlichen Bande, so wenig wie sie solche zerstört. Ein «Feind», der nicht entwaffnet ist; ein «Barbar» unbekannter Zivilisation; ein «Fremder», der seine eigene Sprache und seine eigenen Interessen beibehält und nur die eigenen Landsleute zu Freunden hat; ein «Fremder», der um der Informationen willen oder für den Tourismus kommt oder aus persönlichen Handelsinteressen – kann sich im Proletariat ebensowenig «naturalisieren» wie in einer Nation. Ohne diese Naturalisierung aber kann er im entchristlichten Proletariat – manche marxistische Milieus würden sich hier vielleicht nicht so hart zeigen – nicht als ein von Christus zur Masse der Arbeiter gesandter Bote auftreten. Seine Naturalisierung muß verdient werden; das Eintauchen in das Arbeitervolk ist nicht nur *nützlich*, es ist *notwendig*, wenn als Ziel die Missionierung des Proletariats angestrebt werden soll. Doch ist nicht zu vergessen, daß die Art und Weise dieses Eintauchens so verschieden sein kann, wie die Lebensweisen und die Verdienstmöglichkeiten in der Arbeitswelt. Und auch hier ist zur Wahrung des Gleichgewichts zu berücksichtigen, daß nicht jede Arbeit für jeden taugt. Das durch allzu häufige Katastrophen gestörte Gleichgewicht wieder herzustellen, ist eine schöne und große Aufgabe unserer Epoche. Aber sie fordert zuviel Zeit, als daß ein schon bei Beginn einer Mission bestehender oder dabei entstehender Mangel an Gleichgewicht verkraftet werden könnte.

Dieses natürliche Gleichgewicht als Grundlage des Apostolats verlangt volle Aufmerksamkeit.

Unkritisch hingenommene Halbwahrheiten – ein Beispiel: die Jugendlichkeit des Marxismus

Diese Grundfragen umkreisen *Halbwahrheiten*, die umso hinterhältiger und lästiger sind, je mehr sie sich an gängige Schlagworte halten.

Man hat vom marxistischen Einfluß auf ungenügend vorbereitete Christen gesprochen. Man spricht weniger vom indirekten Einfluß des Marxismus als «Tatsache», als Organisator einer halben Welt. Schon seine Ausdehnung erzeugt in der christlichen Masse eine Art Minderwertigkeitskomplex, so unangemessen wie alle Komplexe. Von dorther stammen die halben Wahrheiten, von denen wir beispielshalber eine untersuchen wollen.

Man sagt uns: «Um am Aufbau der Welt auf neuen Fundamenten zu arbeiten, ist ein neuer Schwung nötig. Eine Neubelebung der christlichen, vom Marxismus usurpierten Werte würde helfen, seine unredliche Faszination zu überblenden.» Weil hier und dort immer wieder von *dieser neuen Welt* die Rede ist und Furcht und Staunen jede Art von Schwung bei uns Christen zu lähmen, wenn nicht gar zu übersteigern droht, denke ich, diese Frage müßte geklärt werden.

Der Marxismus ist nicht die einzige Lehre, die eine neue Welt schaffen will. Ganze Länder, Wissenschaftler, «Erfinder» wissenschaftlicher oder politischer Systeme – ja alle intensiv lebenden Menschen wollen an einer neuen Etappe der Welt mitarbeiten.

Der Marxismus behauptet es *gerade in diesem Moment* mit Feierlichkeit. Doch die Halbwahrheit schleicht sich ein, wenn man sich zum Glauben an seine ewige Dauer verleiten läßt, was dann als Folgesatz die unheilbare Überalterung des Christentums nach sich zieht.

Der Marxismus bemüht sich tatsächlich, aus dieser Welt eine sich unterwegs befindliche Welt zu machen, auf eine Zukunft hin, an die er glaubt, und er will unserer Zeit eine mit seinen eigenen Überzeugungen übereinstimmende historische Aufgabe zuweisen. Es geht nicht darum, die *Kraft,* die ein voll entwickelter Marxismus zu entfalten vermag, zu unterschätzen. Aber ich verwahre mich gegen den angeblichen Anspruch auf eine ewige Jugend, mit dem er sich schmückt und schmücken läßt. Einige Jahrzehnte oder Jahrhunderte werden auch ihn, wie alles Menschliche, zwingen, «das Feld zu räumen». Gott allein bleibt für immer jung. Und eine unserer schlimmsten Hilflosigkeiten zeigt sich darin, daß wir ihn der Welt als alten Mann vorstellen, der sich durch zu erwartende künftige Änderungen beunruhigen und durch Erinnerungen an Vergangenes rühren läßt. Unser Gang ins ewige Leben müßte die wahre Jugend der Welt sein. Wir müßten den zeitlichen Dingen ihr wahres Ausmaß von Gott her geben.

Das Angesicht der Kirche ist ein Antlitz «ohne Runzeln»; unser Mangel an Hoffnung in der Zeit wie für die Ewigkeit entstellt dieses Antlitz. Es ist ganz *unsere* Schuld, wenn es nicht erkannt wird. Für die Jugendlichkeit des Christentums wird kein Tugendwettstreit die Symptome liefern, wenn unser Interesse für die Tugenden erst plötzlich wächst, weil sie andere als wir leben.

Sind wir Heutige nicht schon tief genug versucht, den Menschen zu unserem Ziel zu machen, nicht aber die brüderliche Liebe hinzuschütten und gerecht, mitleidig, barmherzig zu sein – nicht weil Gott es von uns verlangt, sondern um eine schon irregeleitete Liebe in Frage zu stellen? Das «Gebot» des Herrn hat einen so erstaunlichen Wert, daß wir, auch wenn es taktisch ausgebeutet wird, wissen sollten: es ist uns nicht gegeben worden, damit wir daraus eine Taktik machen.

Übrigens würde sich niemand darin täuschen, weder der Marxismus, noch der Herr. Denn der Marxismus hat uns nicht erst blenden oder terrorisieren müssen, damit der Herr von uns die Bekehrung unserer ungerechten und harten Herzen verlangt.

3. Der Wirbel

Nicht selten kommt es vor, daß alle diese Beobachtungen und Erfahrungen den Christen angesichts des Marxismus irgendwann im missionarischen Leben – keineswegs immer zu Beginn – aus dem Gleichgewicht werfen. Irgend etwas an sich Unbedeutendes und kaum Bemerktes dient dann als Katalysator für die Gründe des Aufruhrs. Die gehäuften Schocks, von denen jeder einzelne genügt hätte, ihn außer Gefecht zu setzen, muß als ein Ganzes betrachtet werden, wenn man verstehen will, in welch einem Wirbel er zu kämpfen hat. Die Kraftlinien seines Organismus sind getroffen und verletzt; sie reagieren nicht mehr normal. Er kann sich wie «betäubt» vorkommen, will Abstand nehmen, doch der Alltag hält ihn fest; in seinen Zangen muß er mit den Fragen fertigwerden können, von denen eine einzige schon eine ganze «Diät» an Besinnung fordern würde.

Erfolgt dieser Angriff zu Beginn eines missionarischen Lebens, dann wird eine solche Diät nur selten angewendet werden können. Und ohne sie wird man zuschauen müssen, wie apostolisches Leben entweder ratlos aufgegeben wird oder improvisierend eine Richtung einschlägt, die sich darin für immer auswirken wird.

Wer bei solchen dramatischen oder nicht ganz so dramatischen Ereignissen nur Zuschauer ist, muß, wenn er weiß, was es heißt, für Gott zu leiden, mit aller Kraft beten. Denn unter denen, die in diesem Wirbel standhaft bleiben, werden einige dem begegnen müssen, *was der marxistischen Bedrohung wirklich ihren Ernst verleiht.*

Im Wirbel solcher Entdeckungen wird die philosophische oder praktische Definition des Wortes *Materialismus* rissig, wenn man durch den Geist und die Herzen hingabebereiter Männer und Frauen hindurch dem marxistischen System begegnet.

Die Widersprüche, die dieses System durch seine Disziplin in sein Handeln einbringt, werden den kollektiven Willen nicht auslöschen könnnen, eine Welt aufzubauen, in der die Menschen des Proletariats wiederfinden sollen, was viele von ihnen individuell für sich ersehnen. Dann und wann setzen überraschende Kriege oder sensationelle diplomatische Kehrtwendungen die Welt in Erstaunen – doch sie sind vergessen. Solche «Erprobungen» bleiben nicht ohne schädliche Folgen für den Kommunismus, sind aber in der Gewinn- und Verlustrechnung vorgesehen. Die Partei erfährt so den Kern ihres Widerstandes ganz konkret. Diese Verluste sind weniger regelmäßig und dauerhaft, als man glauben sollte; ihre Bilanzen liegen letztlich in den Händen der Aktivisten an der Basis. An ihrem Platz sind sie die Partei.

Ohne die theologische Tugend der Liebe ins Spiel zu bringen, gibt es eine reich abgestufte Skala der Liebe unter Menschen. Die meisten dieser Nuancen sind der Arbeiterklasse vorenthalten. Manche hingegen kommen fast ausschließlich bei ihr vor. Zumeist ist es die tägliche, praktische, einfallsreiche und allerdings, das muß auch gesagt werden, zuweilen auch manipulierte Art, wie militante Marxisten ihre Kameraden lieben, was einer Sektion den bedeutenden Anhang ihrer Sympathisanten verschafft.

Für einen Christen wie auch für andere stellt ein solches Klima der Solidarität, des Einsatzes und der spürbaren Opfer eine Frage, die nur allzu häufig seinem apostolischen Eifer einen ersten Dämpfer aufzusetzen droht. Ich erinnere, daß der Christ unablässig Klarheit haben will: er fragt sich, ob diese natürliche Liebe, die ganze Menschenmassen umfaßt, von der aber jede Person – er sieht sie als Christ – Zeugnis gibt, nicht ebensoviel wert ist wie eine abbröckelnde «Caritas», für die niemand mehr empfänglich ist. Bald fragt er sich nicht mehr, ob diese Liebe als göttliche Tugend zu verstehen ist oder nicht. Er stellt fest, daß er als Christ auf der rein menschlichen Ebene neben den anderen oft als Verlierer dasteht. Jede andere Ebene verliert für ihn ihre Realität. Der verlockende Gedanke einer weltumspannenden Brüderlichkeit erscheint ihm als *das* Ziel, ohne daß damit ihr Vorrang gerechtfertigt wäre. Sehr schnell übernimmt er die Motive, mit denen die Marxisten selbst ihre Gewaltakte begründen. Die Liebe zur Menschheit der Zukunft rechtfertigt das Klima einer ungefähren Gerechtigkeit und des Notrechts. Bald durch unblutige, die Brüderlichkeit fördernde Auseinandersetzungen, bald durch blutige Zusammenstöße, wobei das Ziel den Tod sowohl der «Feinde» wie auch der «Märtyrer» rechtfertigt – Märtyrer ist eines der Worte, das die Marxisten für die Toten der Partei verwenden –, begründet diese kämpfende Welt ein neues Vaterland der Schmerzen.

Die Welt der Arbeit wird für den Christen allmählich zu einer Welt «in Arbeit». Die Geburtswehen sind zwar noch nicht abgeschafft, doch die Verkündigung Christi wäre jetzt in ihr nicht zeitgemäß; später vielleicht wird man nach ihr rufen wie nach einem verlorenen Gut – aber eben später, doch zunehmend.

Darauf setzt der Christ verschämt seine Hoffnung. Was aber heute zählt, ist die neue Hoffnung der Armen. Sich am Kampf und an all den Hoffnungen der Armen zu beteiligen, das kann dem Christen als die wahre Treue erscheinen. So hat sie sich vielen von uns dargestellt.

Hier enthüllt die marxistische Gefahr ihren wahren Umfang oder besser gesagt ihr wahres Wesen.

Wenn der Marxismus vorschlägt, in seinem System die beiden Gebote des Herrn [Gottes- und Nächstenliebe] zu trennen, da das zweite Gebot nicht den für den Marxisten wesentlich scheinenden Kern trifft, so *geht das für den Christen nicht.* Sobald er der Partei beitritt oder sich ihr auch nur durch eine «organische» Tätigkeit verbindet, unterschreibt oder bestätigt er im Prinzip die Ablehnung des ersten Gebots. Diese Unterschrift oder Handlung richtet sich zugleich auch gegen die brüderliche Liebe; Menschenliebe, die der Gottesliebe vorgezogen wird, bleibt selbst auf der Strecke.

Denn Christus hat deutlich gesprochen. Wenn er nicht will, daß ein einziger Mensch Gott vorgezogen werde, so will er noch weniger, daß wir aus Liebe zu gewissen Menschen auch nur einen einzigen hassen. Christus hat nicht für uns zwei Gebote «zusammengeschweißt», die aus diesem oder jenem Grunde wieder getrennt werden dürften; er hat aus zwei Geboten ein einziges gemacht, obwohl Gott in diesem einzigen an erster Stelle steht. Darum kann und darf beim Christen eine noch so gerechtfertigte Bewunderung für gewisse beeindruckende Charakterzüge eines Marxisten ihn nie vergessen lassen, daß er immer neu auf Erbarmen angewiesen ist.

Nicht nur kennt der Marxist Gott nicht, er hofft nicht auf ihn und liebt ihn nicht; und eben deshalb hat das zweite Gebot für den Marxisten niemals die ihm eigenen Dimensionen.

II.
Christliche Präsenz genügt nicht

Wenn das einfache «Lebenszeugnis» für das Evangelium in einem glaubenslosen Milieu zu Beginn auch das Ziel mancher Christen gewesen ist, so haben die erwähnten Schocks doch die Absichten der anderen tiefgreifend verändert. Schritt für Schritt versuchte man, durch missionarische Dynamik – wenigstens in den Städten – in das eigentliche Arbeitsleben einzudringen, während die erste Absicht missionarischer Arbeit eine einfache Präsenz der Christen zum Ziele hatte, was manchen unter uns als beste Form von Mission erschien.

Indem ich nun meine allzu lückenhafte Meinung ausdrücklich auf dieses «Zeugnis» dem Proletariat gegenüber beschränke und dabei nochmals präzisiere, daß ich nur von einem bestimmten marxistischen Milieu spreche und betonen möchte, daß diese Präsenz bis auf Ausnahmen für jeden neu hinzukommenden Christen unumgänglich, ja seine eigentliche Aufgabe ist, versuche ich, eine ehrliche Bilanz dieser Evangelisation zu ziehen. Nicht wenige Illusionen sind dabei aufzugeben.

Es war nicht ausschließlich und in erster Linie dieses Bemühen aller an der missionarischen Bewegung Beteiligten um ein lebendiges Zeugnis, das die Sympathien mancher Marxisten für gewisse Christen weckte. Die Möglichkeit gegenseitigen Kennenlernens fand in Frankreich ihren *taktischen* Ausgangspunkt in einer Initiative der Kommunistischen Partei, als Maurice Thorez die Aktion der «ausgestreckten Hand» ins Leben rief. Diese veränderte Haltung gab den Christen die Möglichkeit, eine Erscheinungsform des Atheismus zu beurteilen und seine menschliche Nähe zu entdecken. Im Krieg und nach dem Krieg mußten die verschiedenen Ansätze missionarischer Bewegungen in Frankreich zusehen, wie sie sich in dem Netz bestehender Beziehungen zurechtfanden. Der immer stärker um sich greifende Wille zum «Zeugnis» hat es den Christen sicherlich ermöglicht, das zu bekräftigen und bekannt zu machen, was ihr Glaube von ihnen verlangte.

Über dieses Zeugnis muß man aber zweierlei wissen. Was eine Taktik einräumt, kann eine andere zurücknehmen; morgen, übermorgen, irgendwann können wir Marxisten gegenüberstehen, die ebenso *im Gehorsam* jeden Kontakt mit uns meiden, wie die heutigen *im Gehorsam* auf uns zukommen. Wenn bestimmte Anzeichen im praktischen Leben militanter Marxisten bei näherem Kennenlernen an ein evangeliengemäßes Verhalten erinnerten, besaßen wir die Treuherzigkeit zu glauben, das Evangelium stoße durch uns auf offene Türen. Für sie aber waren unsere christlichen Einstellungen gewissermaßen verdrehte marxistische Wahrheiten oder gemeinsame Punkte zwischen dem Marxismus und uns.

Es wäre ungerecht zu verschweigen, daß es darüber hinaus an manchen Orten durch persönliche oder lokale Beziehungen eine menschliche Hochschätzung und ein offenes Vertrauen manchen Christen gegenüber gegeben hat.

Dieses Vertrauen zu den einen, diese Freundschaften mit vielen, unsere quasi-illusorische Vorstellung einer Evangelisation und unser Bemühen, den strengen Prinzipien Christi treu zu sein, bedingten die Versuchung, so zu leben in der Erwartung der künftigen Reifung und Fruchtbarkeit.

Ich sage nochmals, daß ich sehr wohl die mit einer Berufung zu einem «Leben schlichter Präsenz» von den anderen zu unterscheiden weiß, die ihr Leben gleichsam durch die Umstände haben prägen lassen.

Aber selbst wenn ich die echtesten dieser missionarischen Leben erwähne, kann ich nicht behaupten, daß den Marxisten damit und für sich allein genommen das Apostolat zuteil wird, das sie brauchen: was sie brauchen, ist das Wort Gottes; Menschen, die sich öffentlich zu Gott bekennen; Menschen, die ihr Leben durch Gott erklären. Ja ich möchte sogar sagen, sie brauchen das um so dringender, je näher ihnen andere Christen in Freundschaft stehen.

Man muß sich aber klar sein, was die Übernahme einer apostolischen Aufgabe an einem so atheistischen und marxistischen Ort kostet, nachdem man bisher versucht hat, ein einfaches Christenleben wie jedermann zu führen. Es heißt, auf unterster Stufe, aber in letzter Härte an der Bedrohtheit der Kirche, an der Ursache all ihrer Entzweiungen teilzuhaben. Es heißt auch Teilnahme an den Leiden, die zur Ausbreitung und zum Wachstum der Kirche notwendig sind. Ohne diese Leiden würden manche Leute dort, wo die Kirche in Freiheit lebt, das verkündete Wort noch weniger vernehmen als in der Kirche des Schweigens.

III.
Notwendigkeit des Apostolats

Mission besagt Kontakt. Sehr viele Christen in Frankreich, die normalerweise mit Marxisten keinen Kontakt haben, denken nicht ohne weiteres daran, daß andere Christen in nächster Nähe der Kommunisten leben, ganz einfach weil sie dort wohnen.

Die vorliegende Studie befaßt sich mit einem begrenzten und praktischen Aspekt der Beziehungen zwischen Christen und Kommunisten. Dieser durch eine doppelte Ausnahme gegebene enge Blickwinkel bestimmt durchgängig die Auswahl der Beobachtungen und ihre reflektierende Auswertung.

Als Stadt, als marxistische Stadt bildet Ivry eine Ausnahme: wir haben das schon erwähnt, werden aber noch einmal darauf zurückkommen müssen. Ivry ist zudem ein besonderer Fall – was auch schon festgestellt wurde – infolge des dichten Geflechts von Beziehungen und Kontakten, die sich einfach daraus ergeben, daß es sich um ein systematisch aufgebautes öffentliches Gemeinwesen handelt. Der hier lebende Christ lernt im Vergleich zum Marxismus der übrigen Welt einen ungewöhnlichen Marxismus kennen. Er lernt ihn auch unter ungewöhnlichen Bedingungen kennen, die zudem noch den Vorteil haben, ihn mit Christen zusammenzubringen, die unter ähnlichen, nicht selbst gewählten Bedingungen leben und an ihrem Arbeitsplatz oder in ihrer Familie mit dem Kommunismus in Berührung sind.

Doch diese aus mehreren Gründen einmalige Nähe verlangt erst recht umso dringlicher und ernster eine wirkliche Vertrautheit mit der Sorge der Kirche, eine ehrfurchtsvolle Beachtung ihrer Direktiven, selbstverständlich besonders derjenigen, die immer neu die Beziehungen zwischen Christen und Marxisten analysieren und kodifizieren. Dies bleibt für uns keine «offene Frage»; es gibt Antworten, nach denen wir uns, die Wahrheit mit der Liebe verbindend, zu richten haben.

Jesus Christus wäre nicht länger «Christus, der Sohn des lebendigen Gottes», noch «Christus, dessen Name Retter bedeutet», wenn wir nach der zunächst verblüffenden und betäubenden Begegnung mit dem Marxismus der Hoffnung nicht mehr fähig wären, wo nur noch das Hoffen übrigbleibt. Die Arbeit für Gott wartet nicht. Wir leisten sie mit unseren Mitteln; Gott kennt sie. Die Zeit ist für die Arbeit da, nicht für die Suche nach neuen Mitteln. Nicht die Mittel werden wir zur bestimmten Zeit abzuliefern haben, sondern die Arbeit.

Bei der Verfolgung eines apostolischen Ziels kann uns die Sorge quälen, daß wir nicht aufmerksam und erfinderisch genug sind. Solche Angst kann notwendig sein; und ihre Unruhe bedeutet vielleicht eine Wachstumserscheinung wie Krämpfe in der Jugend. Man kann aber nicht ohne Schaden verspätete Jugendlichkeit konservieren, wenn ihre Zeit vorbei ist. Sie muß ausgeräumt werden, damit wir als Kinder Gottes nicht zu kindischen Männern und Frauen werden, sondern begreifen, daß Gott gehorchen stets besser denken und besser handeln heißt.

1. Das Netz des Petrus

Wer sich einredet, dem Marxismus gegenüber sei die frömmste apostolische Arbeit auch die geeignetste, der wird sich dem Vorwurf aussetzen, er verfolge eine Utopie. Das «Netz» des Petrus hat im missionarischen Apostolat bei Völkern und Kulturen nie aufgehört, eine Rolle zu spielen. Gleichwohl gefallen wir uns, was seine Auswirkungen angeht, in der Rolle des Skeptikers. Zudem finden wir zu unserem nicht geringen Erstaunen im Kampf der Kommunisten ein äußerlich ähnliches «Netz» in der Hand Lenins. Es ist vielleicht recht nützlich, auf der Ebene der einfachen menschlichen Wirklichkeit daran zu erinnern.

Die zwei Weltkarten. Die heutige Macht des Marxismus kommt nicht von ungefähr. Was da geworden ist und *wie* es geworden ist, darf uns nicht gleichgültig lassen. Wir kennen die Faktoren, die bei weltweiten Umwälzungen eine Rolle spielen: Kriege, Naturkatastrophen usw. Auch sie haben das Ergebnis des ersten marxistischen Ansturms mitbestimmt.

Eine erste Bemühung ist jedoch Sache der *Intelligenz* und der *Ideen*: das Werk von Marx und Engels, eine Art Erschütterung auf dem Weg des menschlichen Denkens. Diese erste Bemühung, die geistige Unruhe, die sie auslöste, haben jedoch, für sich allein genommen, noch kein Ergebnis gebracht. *Lenin* war es, der aus der von Marx und Engels konzipierten Lehre ein konkretes geschichtliches Ereignis gemacht hat. Hier zeigen sich Tatsachen, die mit «menschlichem Realismus» erwogen werden müssen.

Lenin starb mit vierundfünzig Jahren und hat somit fünfundzwanzig Jahre lang auf die Welt eingewirkt. Diese fünfundzwanzig Jahre haben einen enormen Anteil an den Veränderungen der Weltkarte im zwanzigsten Jahrhundert.

Wie ist er vorgegangen? Mit Mitteln, die wir allzu oft anzuwenden versäumen: Er hat sein Leben an die Einsicht seiner Vernunft gebunden. Vor allem hat er sich an eine Lehre gehalten; er war überzeugt, daß ein einziger Mensch, der fähig wäre, diese Lehre aufzunehmen und weiterzugeben, auf ganz Europa einzuwirken vermöchte.

Um einen oder mehrere Menschen zu treffen, war ihm die Zeit nicht zu schade, die Bahn mit Schleichwegen zu vertauschen, wochenlang in einem Versteck zu hausen, monatelang in einem Gefängnis zu sitzen oder in einem Bergwerk zu schuften. Er hat nach dem Bild des Apostelnetzes aus marxistischen Schnüren eine Art Propaganda-Netz geflochten und es mit einem Erfolg benutzt, an den wir nicht mehr zu glauben wagen, seit Dampf, Elektrizität, Radio und Atomkraft alles als Utopie behandeln, was Gott noch einen Raum zwischen den Dingen und dem menschlichen Geist gewährt. Als die Ereignisse eintraten, war das «Netz» des Marxismus ausgeworfen. Bei Lenins Tod hängen die «Kader» der halben Welt darin. Für jeden Knoten dieses «Netzes» hatte Lenin die traditionellsten Elemente der Sendungen Gottes – ohne Gott und gegen Gott – benutzt: eine Lehre, einen Menschen, der sie lebt, einen Menschen, der sie laut verkündet. «Lenin», sagt Gorki, «bestand offenbar ganz aus Worten, wie der Fisch ganz aus Schuppen besteht.»

2. Wort und Wirklichkeit des Glaubens

Um den Glauben im marxistischen Milieu laut zu verkünden, muß einer bereit sein, eines Tages Freude daran zu finden. Dazu muß unser Leben – wie immer es sich gestalten mag – uns als einen von politischem Einsatz freien, arbeitenden und leidenden «wahren» Menschen ausweisen. Dann und nur dann werden unsere Kameraden sich fragen, was uns treibt. Wenn die Kameraden bisher versucht haben, uns «ihre» Wahrheit mitzuteilen, so werden sie sich jetzt nach der unseren erkundigen.

Unsere schmerzlichen Annährungen waren nötig, damit der Dialog in einer Sprache geführt werden kann, die sie verstehen, und wir ihnen antworten können mit Stücken aus unserem Leben. Die wichtigsten unserer Antworten werden sich oft in *Fragen* verwandeln.

Für den Marxisten wie für den Atheisten stellen sich die großen Menschheitsfragen nicht mehr, und damit sind auch die Wege zu religiösen Lösungen verloren gegangen. Ein technischer Geist ist an ihre Stelle getreten. In breitesten Kreisen des Volkes trifft man weder in der Kulturgeschichte noch in der Kunst- und Philosophiegeschichte auf das Faktum des Glaubens. Die Kinder aus atheistischen Familien begegnen dem Glauben als *Faktum* nur, wenn sie höhere Schulen besuchen. In den Volksschulen werden unsere Kinder ihm nie begegnen. Schlimmer noch: Lehrpläne können zwar auch religiöse Ereignisse berücksichtigen; der Geist des Kindes aber dringt nicht hinter ihre Schale; ihr Motiv ist seinem Denken so fremd, daß es ihm nicht faßbar wird.

Das Faktum des Glaubens – das sind die Christen, die in ihrem Leben dieses «Phänomen» durch ihre täglichen unerschütterlich treuen Taten sichtbar werden lassen. Denn den Menschen, die den Gesetzen der Geschichte in den Fakten nachspüren und den Wert ihrer Lehre an Fakten messen wollen, muß Christus und seine Kirche ein Faktum anbieten: ein Faktum, das uns erlaubt, Gott zu verkündigen: nämlich das brutale, lebendige, ungewohnte Faktum eines Menschen, der an Gott glaubt.

Den Glauben bekennen heißt verkünden, daß der Christ, Jakob oder Hans, einer Einsamkeit entronnen ist, die er als den schlimmsten Fluch ansieht, nämlich der Trennung von Gott. Nun wird er niemals allein sein. Wo er ist, da ist Jesus Christus, Gottessohn und Menschensohn. Der Glaube hat ihn auf diesen Christus aufgepfropft. Sein ganzes Leben scheint von diesem anderen «bewohnt» zu sein; er spricht von ihm wie von seiner Liebe.

Dem Kommunisten, der sagt, er lasse sich von den geschichtlichen Fakten leiten, kann der Christ entgegnen, daß auch er sein Leben auf ein geschichtliches Faktum baut, auf ein einziges. Das Leben Jesu Christi beginnt es, das Leben der Kirche setzt es fort. In diesem Faktum steckt ein ganzes Stück Geschichte, das ebenso überprüfbar und erwiesen ist wie das Leben der allerbekanntesten Männer. Die Zeugen, die als erste die Taten und die Lehre Jesu aufgeschrieben haben, wollten lieber sterben als seine Worte verleugnen.

Doch wenn das Leben Jesu ein historisches Ereignis ist und auch seine Lehrtätigkeit als historisches Ereignis erwiesen werden kann, so stammt doch der Inhalt dieser Lehre nicht aus der Geschichte. Für den Christen ist Jesus, der Gott und Mensch zugleich ist, nicht gekommen, um den Menschen die Geheimnisse des Universums zu entschlüsseln; denn er wußte, daß die Entdeckung und Auswertung dieser Geheimnisse alle menschliche Arbeit begründet. Jesus ist gekommen, um uns zu sagen, was das ewige Leben und was dieser Gott ist, den viele für möglich halten, ohne herauszufinden, wer er ist. Jesus ist gekommen, um uns zu lehren, wie man bereits auf Erden das ewige Leben besitzen kann, ohne es im Tod zu verlieren. Alles, was er zu tun aufgetragen hat, ist leicht zu verstehen; was er uns aber zu glauben heißt, das versteht man nur halbwegs. Für den Christen ist der Glaube eine Anwendung des göttlichen Wissens. Viele Leute verstehen nichts von Elektrizität und werden auch nicht erst Ingenieur, um sich ihrer zu bedienen. Sie müssen bloß wissen, wie ein Schalter oder eine Steckdose benutzt wird und dafür sorgen, daß die Geräte angeschlossen sind. Von der Elektrizität kennen sie nur ihre praktische Verwendung und die Auswirkungen. So geht es auch dem Christen mit seinem Gott, mit allem, was ihn mit Gott verbindet, mit diesem ewigen Leben, das Jesus in ihn hineingelegt hat und das ihm gehört. Dieses Leben erahnt er nur aus seinen

Wirkungen, aus den Handlungen, die die Gebote Jesu umsetzen und *tun,* was Jesus gesagt hat, daß sie tun würden.

In einer Diskussion über das, was der eine seinen «Glauben», der andere seine «Ideologie» nennt, hat der Christ vor allem Grund, sich zu verwundern. Wenn gewisse Wissenschaften sich im Vergleich zu ihrem früheren und heutigen Wissensstand für die Zukunft noch verblüffendere Kenntnisse versprechen können, so ist das für die – wie im Marxismus – auf das Faktum des menschlichen Glücks angewandte Geschichte nicht der Fall. Nichts spricht, soweit die Vergangenheit bekannt ist, für eine glücklichere Zukunft. Die Zahl der Toten und das Ausmaß an Leiden während des letzten Krieges wären verglichen mit denselben Leiden im Verlauf mehrerer Jahrhunderte Beweis genug, daß wachsende Erkenntnis und vermehrte Güter das Glück nicht schaffen.

An diesem – ihrem – Boden der Fakten uns festhaltend, können wir den Marxisten mit Antworten, Stellungnahmen, Ablehnungen entgegentreten, die durch ihren Bezug zum Glauben so etwas – um einen gewiß nicht sehr theologischen Ausdruck zu gebrauchen – wie «Symptome» Gottes sind: Gott hört auf, inexistent und absurd zu sein. Diese mit Hilfe von Fakten in die Sicherheit der Marxisten geschlagene Bresche scheint die Vorbedingung jeder Evangelisierung zu sein.

Ich weiß wohl, es ist sehr leicht, unser Leben auf einen gerechten und erbarmungsvollen Christus zu beziehen, auf den Freund der Kleinen. Das hört aber auf, leicht zu sein, wenn man sich weigert, die Wahrheit zu verkürzen. Wenn wir die Spuren des als abwesend erklärten Gottes aufgedeckt und die Botschaft von seinem Tod vernommen haben, dann wissen wir auch, daß, um Gott zu vertreiben oder zu töten, Taten nie genügt haben. Ohne die Intelligenz mancher Leute, ohne ihre Denksysteme wäre das Handeln vergeblich gewesen. Vor dieser Aufgabe des Geistes fordern wir den Einsatz von Verstand und Glauben.

Der Kampf gegen Gott – auch das haben wir gelernt – beschränkt sich nicht auf das Handeln und Denken; als Bindeglied zwischen beidem braucht es das Wort. Vor dieser dem Wort zukommenden Bedeutung mußten wir unseres Schweigens bewußt werden und uns daran erinnern, daß wir nicht nur als Christen zu leben, sondern Christus auch laut zu verkündigen haben. Ohne unsere Taten würde dieser Schrei nicht vernommen. Wir schreien ja nicht, meist sind es nur Worte an einen Kameraden, Antworten an einen Freund, Aussagen, die im Lärm der Maschinen untergehen. Durch unsere Taten aber kann der leise Schrei eines einzelnen weit reichen, und wir sollen es wissen, weil es wahr ist: er kann in einer großen Menge ertönen, kann in der Kirche des Schweigens und bis zum letzten Knoten der marxistischen Hierarchie widerhallen. Wenn man das richtig verstanden hat, wenn man weiß, daß jeder, der mit einem Marxisten spricht, sich an viele wendet, dann müssen wir so reden, wie wir beten, und beides muß in eines zusammenfallen. Nur wer die Kraft erbeten und erhalten hat, für alle mit Gott zu sprechen, der hat auch die Kraft – dieselbe –, mit allen über Gott zu sprechen.

Wenn Mangel an schlichtem Mut sich spürbar macht, dann haben wir uns stets neu zu sagen: Wenn für die Auseinandersetzung mit manchen Formen des Atheismus ein voll gelebtes Glaubensleben genügt, so wird es einem doktrinären und kämpferischen Marxismus gegenüber darauf ankommen, daß man reden will und auch kann.

Selbst in einem Milieu, das kollektiv mit Gott gebrochen hat, gibt es bei jedem persönlichen Bruch eine ganze Skala von Unterschieden, worauf man im Gespräch achten soll. Mit jedem Einzelnen als mit diesem «Einzelnen» sprechen, das ist für uns die Grundlage für das apostolische Wort. Damit greifen wir auf eine der traditionellsten Formen der Evangelisation zurück.

In der Begegnung mit Marxisten, die immer wieder das Ziel ihres Lebens darlegen – was wäre da natürlicher, als daß auch die Christen ihr Lebensziel darlegen, sobald sie einmal durch ihre Absage an Reichtum und Macht das Recht zu reden erworben haben? Die Marxisten «predigen»; sollen sie doch auch predigen! Die Marxisten verkünden ihre Gewißheit; sollen doch auch sie die ihre verkünden! Sie sollen kaltblütig und ohne Abstriche sagen, was ihr Glaube in jeder Lage von ihnen zu sagen verlangt; ob die Marxisten es billigen oder nicht, kann ihnen gleichgültig sein.

Christen, die den Marxisten lange zugehört und verstanden haben, was diese für ihr Ziel halten – nämlich ein besseres und glücklicheres menschliches Leben – könnten zur Diskussion stellen, was denn ein solches Glück auf rein natürlicher Ebene wirklich sein würde. Für einige liegt vielleicht hier eine Aufgabe. Doch eine andere erscheint uns weit dringender, so daß man sich nur wünschen kann, daß alle unter uns, die dazu taugen, dafür eingesetzt werden könnten. Mit starker Stimme müßten sie verkünden, was Unrecht, Krieg und Haß unter den Menschen anrichten; und lauter noch sich wehren – diesmal vielleicht als einzige –, gegen das Abwürgen menschlicher Geschicke, zu dem der Marxismus führt.

Wenn wir die Marxisten unserer Hochachtung vor manchen ihrer Heldentaten und ihren zahlreichen Opfern versichern, müssen wir doch sagen, daß Welt und Zeit nur ein Stück der Wirklichkeit sind, aus der wir *mit* ihnen die Geschichte bilden. Doch das «geschichtliche Werden», für das wir für sie und für uns verantwortlich sind, zielt auf die Ewigkeit. Je mehr die Marxisten erfahren, daß wir ihr Leben und Ziel mit Ernst und Eifer studiert haben, um so stärker müssen wir unser eigenes Ziel und Leben bejahen und für das einfordern, was wir als unsere eigene Aufgabe betrachten.

Für die Marxisten mündet alles, von den kleinen Freuden bis hin zu den Gedanken über das Universum, in die Bewegung, die ein zugleich konstruiertes und unvollendetes Spiel anzuführen scheint.

Bei ihnen gibt man sein Leben bereitwillig für eine Zukunft hin, an der man nicht zweifelt, obwohl man sie nicht beweisen kann; man gibt seine Jugend hin, aber auch jedes Älterwerden, das sich nicht unterkriegen lassen wollte; ganz bewußt räumt man Stück für Stück seinen Platz und macht ihn für einen glücklicheren Menschen frei.

Auch bei den Marxisten wird weiter gestorben. Man ist nicht sicher, ob der Tod besiegt werden kann. Ist dieser Sieg für das Glück notwendig? Nein. Denn wenn ein Mensch die Größe seiner Aufgabe begreift, fragt er nicht mehr danach, und sein eigenes Glück wird das der künftigen Menschheit sein.

Ja, der Tod bleibt schmerzlich, so wie es die Niederkunft für die Mutter war. Der Tod steckt voller Lebenskeime; ausgestreut ins Erdreich, im Leib der Kinder, in den hellsten Köpfen, in den aufrichtigsten Herzen schaffen sie morgen das bessere Leben.

Der Marxismus versteht sich als Optimismus; dieser Optimismus wäre selbst für Marxisten eine harte Zumutung, wenn die pausenlos gelenkten Aktionen und ein unerbittlicher Leistungswille zwischen Selbstkritik und Propaganda Ruhe genug ließen, die Härte dieser Zumutung zu empfinden.

Aus allen diesen Gründen müssen wir für etwas anderes leben, für einen unbeugsamen, vorbehaltlosen Glauben, der uns zum «Nächsten» macht, zum «Nächsten» für alle, die mit uns leben und Menschen sind wie wir.

Wenn Christus uns das ewige Leben geschenkt hat, so damit wir es als den höchsten Gipfel allen Glücks, als unsere Seligkeit leben, kundgeben und feiern. Jesus hat uns genau gesagt, wie wir uns gegenüber allem, was Leiden schafft und zumal allen gegenüber, die leiden, verhalten sollen. Vor zweitausend Jahren hat er von «Brot, Frieden und Freiheit» gesprochen. Was er aber auf diese Erde gebracht hat, ist noch mehr: er hat uns das ewige Leben gebracht. Und was wir mit *ihm* in der Kirche weitergeben sollen, das ist das ewige Leben.

Um es geben zu können, sind wir verpflichtet, auch alles übrige zu geben; wenn wir das ewige Leben nicht weitergeben, wird es keiner an unserer Stelle tun. Den Menschen, die die Menschheit einem anonymen Werden überantworten will, haben wir die Botschaft eines ewigen Werdens zu verkündigen, wo jeder Gott begegnet, jeder diesem Werden angepaßt werden muß. Damit ist der Sinnkern unserer christlichen Berufung ausgesagt und zugleich wird unsere *religiöse* Berufung von einer *politischen* Berufung und von einem Denksystem unterschieden, was auch heißt, daß nicht die Eroberung der Welt uns interessiert. Was uns interessiert, ist, daß jeder Mensch so wie wir, dem von uns geliebten Gott, der jeden Menschen zuerst geliebt hat, begegnen kann.

Denen, die mit ihrer Propaganda einen bestimmten Geist verbreiten wollen, müssen wir sagen, daß wir keinesfalls mit ihnen in Konkurrenz treten, solange dieser Geist nicht die Absicht hat, unseren Glauben zu ersticken.

Weil wir diese Menschen lieben und weil wir Gott lieben, kennen wir Gott an ihrer Stelle; bevor noch jeder von ihnen Gott kennt. Wir müssen ihnen aber ganz deutlich sagen, daß wir unsere Liebe zu Gott verleugnen, wenn wir, und wäre es auch nur einen einzigen Menschen, nicht lieben.

Früher bezeichneten sich die Marxisten als «Gottlose». Wer zwischen ihnen und uns Christen eine vorbehaltlose Zusammenarbeit vorschlagen wollte, müßte die einen oder die anderen für verrückt halten. Die Dialektik interessiert uns, wir wollen aber nicht die Karikatur der Dialektik ins Herz unseres Lebens pflanzen: eine Handlung, die sich ihrem eigenen Ziel entgegensetzt.

Wenn wir auch feststellen müssen, daß Kultur und Freizeitgestaltung in der Sowjetunion eine große Rolle spielen, so haben sie doch nicht das gleiche Gewicht wie die tägliche Nahrung. Die tägliche Nahrung ist für uns nicht nur das Brot; es muß auch für uns wie für jeden Menschen die Möglichkeit geben, seine wirkliche Bestimmung zu erkennen. Krieg, Hunger und Unterdrückung als Glück zu bezeichnen, wäre Verrat an Christus. Es wäre aber auch Verrat an Christus, nicht zu bedenken, daß die bescheidenste Vorstellung von Gott für die Welt mehr bedeutet als sämtliche Forschungsinstitute und alle Bibliotheken zusammen. Es muß einmal deutlich gesagt werden: in einer Welt, wo diese Hypothese nicht mehr gilt, wären vielleicht die Teller gefüllt, es gäbe viele Häuser, reiche Bibliotheken... Doch wenn der menschlichen Vernunft das Lebensminimum fehlte, dann wird sie inmitten von allem Wohlstand an Hunger und Verzweiflung zugrunde gehen. Dieser Verzweiflung der Vernunft wollen wir keinen Vorschub leisten.

Die Begegnung des apostolischen Geistes mit dem marxistischen Geist führt fast unvermeidlich zu einem Schock. Vielleicht wird er von der Basis zunächst nicht wahrgenommen. Es wäre allerdings nicht normal, wenn die Waffenruhe lange dauern würde.

Wenn der Marxismus nur eine dahinsiechende Religion duldet und sich mit einem fortlebenden Glauben schlecht abfindet, wie soll er dann einen mitreißenden und ansteckenden Glauben tolerieren, der auch für sich beansprucht, allen Menschen angeboten zu werden? Wie würde er darauf reagieren? Verlorene Zeit, darüber zu rätseln. Man kennt die gewohnte Linie, überall dieselbe: entehrende, immer «ruchlosere» Anschuldigungen. Die besonderen Einzelheiten werden von den augenblicklichen Umständen diktiert.

In weiten Teilen der Welt ist die apostolische Frage gestellt. Antwort darauf gibt der totale apostolische Akt: das Martyrium. Diese Antwort wird von einem chinesischen Priester namens Tong ausführlich erläutert. Ihm erscheint der Preis nicht zu hoch, für seinen *ganzen* Glauben und *ausschließlich* für seinen Glauben zu sterben, um ihn ganz unversehrt zu erhalten. Seine Hochachtung vor den Menschen und seine Klarsicht, seine Liebe zu seinem Vaterland und seine noch größere Liebe zur Kirche, seine liebende Hinwendung zu seinen Brüdern und seine unerschütterliche Haltung vor Gott – dafür gilt es hier zu *leben*; wie es dort gelten kann, dafür zu *sterben*. Hören wir seine Worte: «... Hohe Behörden der Regierung, hohe Würdenträger der Kirche, glaubenstreue Christen, meine Herren! Das Thema dieser Rede wird das Opfer meiner selbst sein.»

Ob Reden, Briefe, hingeworfene Worte – die Worte der Martyrer haben stets ein einziges Thema. Unser Leben, Handeln und Reden braucht kein anderes Wort zu suchen; seit dem Kreuzestod Christi gibt es nur das eine: «Das Thema dieser Rede wird das Opfer meiner selbst sein.»

IV.
Forderungen dieses Apostolats

1. Der Glaube

– *Was verlangst du von der Kirche Gottes?*
– *Den Glauben!*
– *Was gewährt dir der Glaube?*
– *Das ewige Leben!*

Das Problem der missionarischen Lebensfähigkeit unter den Marxisten stellt sich so: ein christliches Leben im marxistischen Milieu bleibt schwerlich auf halbem Weg stehen; entweder wird es ein kühnes apostolisches Unternehmen oder es hört früher oder später auf, christlich zu sein. Eben deshalb darf nichts versäumt werden, was für eine intensive Vorbereitung auf die übertragene oder erwählte Aufgabe notwendig und möglich ist. Für das Apostolat unter den Marxisten muß das Wagnis der Kirche selbst aufs Spiel gesetzt werden.

Was dem Christen *vorab* klar zu machen ist: er muß um die Brutalität der Schocks wissen, die auf ihn zukommen werden; er soll eine möglichst verläßliche Beschreibung der Lebensbedingungen, der Verantwortlichkeiten und ihrer Konsequenzen, der annehmbaren oder unannehmbaren menschlichen Auswirkungen erhalten. Diese Einführung ist aber nur sinnvoll, wenn sie sich an der im Glauben offenbarten Bestimmung des Menschen orientiert. Nur der Glaube ist für diesen Kampf geeignet. Ein missionarisches Apostolat unter Marxisten ist nur möglich, wenn es die *praktisch übernatürlichen Bedingungen eines Lebens aus dem Glauben* annimmt.

Wenn durch dieses Glaubensleben das ewige Leben und unser irdischer Lebenslauf sich zum *Faktum* zusammenfügen, dann bestimmt die Qualität unseres Glaubens auch die Qualität des aus ihm entspringenden Apostolats.

Das Apostolat ist der Glaube, der dem Menschen in dieser Zeitlichkeit nachgeht, um ihn schon heute in der Ewigkeit einzuwurzeln.

Der Marxismus ist heute *ein* Glaube, der in jedem Menschen den «unsterblichen Menschen» sucht.

Die Christen, die unter Marxisten dieses apostolische Leben führen, brauchen nicht «zu den Quellen zurückzukehren», dürfen aber auch nichts von der noch immer gleichen Quelle verlorengehen lassen, sollen auch Wasser und Sand nicht vermischen.

Der Glaube kennt keinen Stillstand außer dem unseren, wenn unsere Trägheit sich sträubt, seiner Strömung zu folgen. Von früheren christlichen Generationen haben wir eine Mentalität übernommen, die an bestimmte religiöse «Dimensionen» gewöhnt war und ebenfalls an religiöse Verhaltensformen in den menschlichen Beziehungen. Von diesen christlichen Vorfahren haben wir nicht nur den Glauben übermittelt erhalten, durch sie ist uns auch eine beträchtliche Zahl typischer Verhaltensweisen eingeprägt worden. Ohne es zu merken, haben wir uns daran gewöhnt, in den für fast alle Menschen gleichen Umständen nur noch die Rückwirkung des Glaubens auf die Außenseite des Lebens nachzuahmen und dabei oft genug den Glauben mit dieser Nachahmung des Glaubens zu verwechseln.

Doch in einem neuen, nicht mehr vom Glauben geprägten Milieu – ich denke etwa an manche Dörfer auf dem Lande, wo es keine Taufen mehr gibt, oder an ein streng kommunistisches Viertel oder ein rein wissenschaftliches Arbeitsklima – werden wir Schwierigkeiten bekommen mit unserem «Lebensstil». Der Glaube bietet uns nur noch seine Wahrheiten und seine Gewißheit. Er wird der Boden für alle unsere Handlungen sein, ein Boden, den es für dieselben Handlungen bei den Ungläubigen nicht gibt. Wir haben die Nachahmung nicht immer vom Glauben selber unterschieden, und hier werden wir nun keine Modelle mehr haben mit den vom Glauben hinzugefügten oder ausgemerzten Vertiefungen und Auswüchsen.

Der Glaube ist die wahre «femme pauvre». Jedes Volk, jede Kultur und jedes Zeitalter schenkt ihr ein Gewand, um sich zu kleiden. Das Gewand ist abgetragen, wenn die Zeiten sich wandeln. Sie muß also ein neues Gewand erhalten, wenn sie nicht gezwungen sein will, sich im Keller zu verstecken. Aber ein Gewand ist ein Gewand und nicht sie selbst; wenn das Gewand gewechselt wird, bleibt sie selber unverändert. So ist es auch mit dem Glauben. Wollte man ihm mit dem alten Gewand etwas von ihm selbst wegnehmen – womöglich die Fähigkeit, im Gewand der jeweiligen Zeit allen Zeiten nahe zu sein, dann wäre er nicht mehr er selbst. Nur ein in jedem zeitlichen Gewand sich selbst bewahrender Glaube kann alle Elemente eines gefährlichen christlichen Apostolats in die richtige Perspektive rücken. Seine Kraft, sich zu verteidigen, ist stärker als die Gefahren, die ihm drohen.

Uns fällt die Verantwortung zu, einen neuen Einklang zwischen den Menschen und dem Glauben zu erfinden und zu entdecken und dabei auch in Kauf zu nehmen, von anderen wie von uns selbst als eigenwillig und absonderlich eingestuft zu werden.

Auch die Christen brauchen keinen neuen oder verjüngten Glauben, sie müssen ihn bloß leben – vielleicht mit etwas mehr Sinn dafür, wie sehr die Ungläubigen ihn brauchen. Der Anspruch ist schwierig, man wird sich ihm wohl kaum ohne Hilfe beugen können. Hilfe braucht vor allem unser Wollen, Hilfe, damit wir uns vom Glauben auch unter unbekannten Erscheinungsformen nähren, den vorweg zu entdeckenden Wegen folgen, geleitet nach der Wanderkarte all jener, die den Glauben gelebt haben. Zwischen dieser Karte, der man traut, und dem Unbekannten oder kaum Bekannten unserer Zeit sollen wir dem Instinkt der Kirche folgen, die für sich das Recht in Anspruch nimmt, auf allen Wegen zu wandern.

Gegenwärtig bildet der Vorwand des waltenden Hell-Dunkel oder Grau-in-Grau unserer Zeit die Entschuldigung für unser Zögern wie für unsere halben Entschlüsse. Damit bringen wir zwei Dinge durcheinander, die das Glaubensleben schon vor uns und zu allen Zeiten gekannt hat: Tag und Nacht.

Wenn der Glaube empfangen, bewahrt und an die Welt weitergegeben wurde, dann immer auf Wegen, die der Tag so stark erhellte, daß die Gefahren und Anfechtungen, die Schwächen, aber auch die Gräben, wo man schlafen konnte, deutlich zu sehen waren. Hingegen hat der Tag nie dazu verholfen, die Marschrouten zu kennen: keine Wegweiser; niemand auf dem Feld, der Auskunft geben könnte; keinerlei Spuren am Boden.

An seinem einzigen Ausgangspunkt hat der Glaube stets dieselbe Wegweisung gegeben, und alle, die ihr vertrauten, sind stets an seinem einzigen Ziel angekommen.

Der Tag heute, 1957, blendet; so stark strahlt er auf die Massen, in denen das christliche Leben so wenig heimisch ist, daß man immer wieder der Überzeugung ist, auf Situationen zu treffen, die vom Glauben noch nicht gelebt worden sind, auf Lebensbedingungen zu stoßen, die die gesamte Menschheit vor völlig neue Tatsachen stellen.

Die Nacht heute, 1957, blendet noch immer, nicht mehr und nicht weniger. Hätte sich der Glaube dunkler dargestellt, wir wären vielleicht weniger bestürzt. Ein Glaube, der im weltweiten Wandel auch ein wenig etwas anderes geworden wäre, forderte vielleicht von uns nicht eine so tiefe Zustimmung, eine nicht so maßlose Annahme.

Das Problem der missionarischen Lebensfähigkeit unter den Marxisten ist eigentlich folgendes: «Wie lassen sich die Forderungen des Glaubens in Gebieten, wo sich die christlichen Lebensgewohnheiten in keiner Weise eingeprägt haben, *praktisch verwirklichen?* Wie lassen sich die Schwerpunkte eines unwandelbaren Glaubens mit unserem Leben verknüpfen, bei den ständig sich wandelnden Bedingungen, den bestürzenden Metamorphosen in den menschlichen Beziehungen und den unabsehbaren Folgen von bisher noch nicht einmal hypothetisch vorstellbaren Entdekkungen?»

Niemals war das missionarische Apostolat so unumgänglich darauf angewiesen, seine Wurzeln in den ureigensten, absolutesten und lebendigsten Bereich des Glaubens einzusenken. Einstmals oder anderswo war es für den an seinen Gott glaubenden Menschen eine ungetrübte Freude, im Glauben ein ungeschuldetes Geschenk zu erhalten. Es war ihm, als könne er dies Geschenk für den Moment einer Schwäche oder eines «Vergnügens» ohne Gefahr aus dem Bewußtsein verlieren, weil um ihn herum viele vom Glauben geprägte Menschen und Dinge es ihm wie lebendige Spiegel wieder vor Augen hielten. Nun aber kann es vorkommen, daß ein Gläubiger, der sich von seinem Glauben abbringen läßt, in seiner Nähe nichts findet, was ihm seinen Glauben wieder in Erinnerung ruft, nichts und niemand.

2. Einige Folgerungen aus dem Glauben

Sein Leben leben

Dem Wort «Tugend» ist übel mitgespielt worden. Spontan erinnert es weder an seine nächstverwandten Worte in der lateinischen Sprache, nämlich «Kraft» oder «Macht», noch an das Wort «habitus», das die katholische Glaubenslehre dafür verwendet und das für den Philosophen zum Fachausdruck wird, eher aber an den «Stammgast des Hauses» (*habitué de la maison*), an jemand, der dort ungezwungen und freundschaftlich verkehrt.

Unter diesem Aspekt können wir herzhaft von Tugenden reden. Sie werden nicht für große Aufgaben des Christenlebens «ausgeborgt» – für die großen Aufgaben sind sie nämlich da; sie werden weder geborgt noch gekauft, sondern am Tage unserer Taufe als Geschenk empfangen.

Vor allem aber muß man klar sehen, was diese Tugenden zu leisten haben und was sie sind. Jede Unklarheit entzieht ihnen die ihnen eigene Wirkkraft. Es ist aber nicht leicht, einerseits ihre genauen Kennzeichen, die uns der Glaube vermittelt, andererseits ihre in das Geheimnis der Gnade hinabreichenden dunkeln Wurzeln auseinanderzuhalten. Das aber ist die Grundbedingung unseres ganzen christlichen Lebens; man sollte es nicht übergehen.

Denn es hilft uns, die Augen anderer zu sehen, die wir in uns nicht sehen können, und was wir an ihrem Gesichtsorgan nicht sehen können, das nehmen wir in uns selber wahr. Selbst mit Hilfe eines Spiegels würde ich meine Augen auf der Straße weniger gut erkennen als diejenigen von Robert oder Maria, meine Ohren weniger als diejenigen von August oder Bernhard. Wenn das, was uns zum Sehen, Hören, Schmecken dient, mir zwar global bekannt ist, dann in einer so dunkeln Weise, daß es mir, verglichen mit dem, was ich bruchstückhaft, doch klar und deutlich von anderen weiß, als Unwissen vorkommt. Dennoch kennen wir unsere Sehkraft – nicht unsere Augen – durch den Gebrauch, und unsere «Empfindungen» reichen aus, unser «Wissen» so zu ergänzen, daß wir zum Augenarzt gehen, wenn unser Sehvermögen nicht mehr dem entspricht, was man uns darüber beigebracht hat.

Der Getaufte *glaubt* an die Neugeburt durch die Taufe. Selten aber macht er vollen Gebrauch von allem, was ihn zum neuen Menschen macht – er sieht es nicht, er «fühlt» es nicht; aber der Glaube sagt ihm, wer er ist, was er nun vermag und womit ihm dies ermöglicht wird.

Wenn er, ohne zu verstehen oder zu fühlen, sich schlicht dafür entscheidet, den Willen Gottes zu tun, so wie er ihm hier und heute angeboten wird, und wozu die Kirche ihm Mittel und Möglichkeit angibt und erklärt – wie man eine Waschmaschine, ein elektrisches Bügeleisen, eine Rohkostmühle erklärt –, dann lernt er neu zu leben. Indem er das Geheimnis, das er selbst ist, lebt, entdeckt er, daß es mit dem übereinstimmt, was der Glaube darüber sagt.

Armut

Wenn auch zu Beginn christliche und marxistische Armut in vielen Fällen äußerlich ähnlich sind, so trennen sie sich doch schon bei den ersten Schritten. Wenn der Christ und der Marxist die Karten auf den Tisch legen und sich aufrichtig zu der ihrer Lehre gemäßen Begründung des gemeinsamen Faktums – nämlich ihrer *Armut* – äußern und auch ihren Zweck angeben würden, dann wäre diese scheinbare Gemeinsamkeit ihres Lebens doch nur ein Rücken-an-Rücken-Stehen und bei der ersten ihrer Unternehmungen in Gefahr.

Der Christ aber müßte bekennen, daß er zu einem Volk gehört, für das Gott das *höchste Gut* ist. Nur die Armen im Geiste nehmen ihn auf. Der Christ weiß, daß er immer wieder leibhaftig vor das Gleichnis vom armen Lazarus und dem Reichen –

Christus sagt nicht: der böse Reiche – gestellt ist, und daß die Kirche ihm seinen Reichtum immer wieder abverlangt wie anderen ihre die Menschen unterdrückende Macht. Denn Lazarus besitzt sein *Gut* – seinen Gott – für immer, während der Reiche, wenn er Lazarus abweist, sich die ewige Liebe verscherzt. Wenn er sich nicht bekehrt, ist er der «Verdammte dieser Erde», der *schon* auf Erden Verdammte, die Ewigkeit bringt es nur an den Tag. Die ganze Botschaft Christi scheint auf eine freiwillige Preisgabe alles dessen hinauszulaufen, was das Herz des Menschen in Beschlag nimmt, ihn von Gott loslöst, das heißt zum Götzendiener macht.

Diesem Willen zur Preisgabe allen Besitzes stellt der Marxismus den Willen zu einem möglichst gerecht verteilten Besitz entgegen. Seine gegenwärtige Armut und der freiwillig hingenommene Mangel sind der notwendige Beitrag zum Aufbau einer Welt, wo alles zum *Gut* aller wird. Ist der Sinn christlicher Armut erst einmal erklärt, wird sie für einen Marxisten ebenso unannehmbar wie unbegreiflich. Aber eine solche Armut zeugt für Gott als *Gott* und zeugt für Christus als *Gott*. Sie bezeugt nicht nur, daß Christus gut ist und seine Jünger gut macht; daß Gott gut ist und der Glaube an ihn die Menschen besser macht; sie bezeugt auch, daß Gott so gut ist, daß es Menschen gibt, die ihn allem vorziehen. Die Armut wird umsonst geschenkt wie das Martyrium. Und diese Ähnlichkeit ist es, die aus ihr eine apostolische Kraft macht. Wenn in der Welt die christliche Armut fehlt, so entsteht auch ein Mangel an Liebe, ja schlimmer noch: diese Liebe zu dem Gott, den man allem vorzieht, allem, was die Hände greifen und die geistigen Fähigkeiten erkennen können, wird nicht mehr laut *herausgeschrieen*. Denn die evangelische Armut ist in der Welt so unverständlich wie ein Schrei; ein Schrei aber, von dem man weiß: ein lebendes Wesen schickt ihn einem anderen lebenden Wesen zu.

Gerechtigkeit

Hier in der marxistischen Umwelt glaube ich behaupten zu können, daß in der *öffentlichen* Meinung bei der Beurteilung einer öffentlich bekannten Person der Gerechtigkeit der höchste Koeffizient zugesprochen wird, all dem, was Gerechtigkeit vorbereitet oder ausdrückt, all dem, was sie *herstellt* oder sie bezahlt. So hat alles, was die Partei als Gerechtigkeit bezeichnet, für einen Marxisten höheren Rang als alles übrige, denn allen anderen Dingen verleiht erst die Gerechtigkeit ihren höheren Wert. Wer dagegen die Gerechtigkeit sabotiert, etwa den Menschen, die für sie arbeiten oder leiden, seine Hilfe versagt, der sich nicht wehrt und «sich die Hände binden läßt» – ein solcher ist ein verdorbenes Korn, das den ganzen Sack Saatgut verdirbt.

Nach der Auffassung der Marxisten kann ein lebendiger Mensch nicht schweigen; weil er nicht leben kann, ohne zu handeln, und auch seine Handlungen sind Worte. Sein Schweigen bedeutet eine Stellungnahme. Angesichts von Ungerechtigkeiten zu schweigen, hieße für ihn, daß wir sie nicht bemerkt haben oder selber in den Wechselfällen des Lebens nie damit zu tun hatten, nie einem Menschen – keinem einzigen – begegnet sind, dem nicht sein Leben durch vermeidbare Umstände verpfuscht worden war. Wir hätten somit alles, was anderen als erträglich zugemutet wird, auch selber anstandslos ertragen müssen, als etwas allzu Geringfügiges, um dagegen Protest anzumelden.

In einem marxistischen Milieu nicht zu sagen, was man von einer Ungerechtigkeit denkt, ist ein Skandal im strengen Sinn des Wortes. Wenn wir nicht reden – weder mit Worten, noch mit Taten –, verweigern wir dem anderen ein Gut: nämlich die Klarheit über das, was der Glaube von den Gläubigen fordert, um Ungerechtigkeit zu vermeiden und für Gerechtigkeit zu kämpfen.

Leider gelingt es leicht, an einem gegebenen Ort eine ganze Menge Ungerechtigkeiten nachzuweisen, die dort geschehen und erlitten werden und wofür verschiedene Kreise die Verantwortung tragen: Arbeitgeber, Behörden, freie Berufe, Handel usw. Doch müssen wir auch zeigen, daß wir diese Ungerechtigkeiten bemerkt und als solches durchschaut haben. Was die Marxisten der Ungerechtigkeit gegenüber vielleicht am wenigsten verstehen, was sie dem Christen jedenfalls höchst erstaunt, wenn nicht mit Verachtung vorwerfen, ist die Gleichgültigkeit.

Daß wir uns solange Zeit lassen, uns über eine bestimmte Situation zu äußern, enttäuscht sie vielleicht mehr als eine gegensätzliche Stellungnahme. Wir können übrigens auch ohne Worte sprechen; unser Leben – darauf wurde schon hingewiesen – spielt sich vor ihren Augen ab, denn wir – sowohl die Laien wie in vermehrtem Maß noch der Klerus – sind die Kirche in ihrem Lebenskreis.

Unsere Gerechtigkeit, die Gerechtigkeit der Christen den Menschen gegenüber ist ein ungestümes Handeln, das als menschliche Gerechtigkeit menschliche Forderungen stellt; als christliche Gerechtigkeit aber nicht nur menschliche – vielleicht unterschiedliche – Forderungen stellt, sondern auch übernatürliche. Das bedeutet einmal, daß bestimmte Mittel menschlicher Gerechtigkeit von ihr nicht oder nicht in vollem Umfang eingesetzt werden können, dann aber auch, daß es übernatürliche Mittel gibt, auf deren Einsatz sie nicht verzichten kann, ohne selber ihre ungestüme Kraft zu mindern. Andererseits heißt es: wenn die menschliche Gerechtigkeit im Leben der Gläubigen bagatellisiert wird, so ist sie doch in den Augen des Glaubens keine Kleinigkeit.

Im marxistischen Milieu die Ungerechtigkeiten der Welt unterschätzen, heißt anderen das Verdammungsurteil über das, was Gott selbst verurteilt hat, überlassen. Wir müssen dem göttlichen Urteil sein volles religiöses Gewicht zurückgeben, nicht weil dies dem einen oder anderen Freude macht, sondern weil ungerechtes Verhalten Ungehorsam gegen Gott bedeutet. Schon an seinen Formulierungen wird man die Motive unseres Protestes erkennen.

Der Marxismus zeigt die Ungerechtigkeit an und bekämpft sie für *einige* betroffene Menschen von heute für alle Menschen von morgen. Der Christ aber muß die Ungerechtigkeit für *alle* Menschen, die von heute *und* die von morgen anzeigen – aus Liebe zu den Kleinen und Armen; aber *auch* aus Liebe zu den Sündern, deren Sünde darin besteht, andere Menschen in Armut zu stürzen, Mitmenschen, die sich dieses Los nicht selbst gewählt haben. Brot für die Armen und Erlösung für die Reichen sind zwei untrennbare Imperative der christlichen Gerechtigkeit. Allein der Hunger nach Gerechtigkeit um Gottes willen kann die Kraft geben, beiden Imperativen und den von ihnen geforderten Entscheidungen gerecht zu werden.

Die Jagd, die manche Marxisten, vom Skeptizismus nicht angekränkelte Atheisten, auf Gott machen, nicht wie auf eine Legende, sondern wie auf eine Krankheit des Menschen, verfolgt in Gott das *Alibi*, ein stets mit einer unvergleichlichen Macht ausgestattetes Alibi, das sich die Resignation, das heißt der Verzicht auf menschliche Anstrengung verschafft.

Für einen Marxisten ist der anzuklagende Gott stets und überall identisch mit dem Verzicht auf irdische Anstrengung. Wer den Schmerz «über sich ergehen läßt» und darin so etwas wie Ruhe und Nichtstun genießt, ist von vornherein von jedem Heldentum, jedem Martyrium und jeder Ehre ausgeschlossen. Für den Marxisten besitzt die Liebe immer die Gestalt der Gerechtigkeit, einer ökonomischen Gerechtigkeit.

Für einen Christen ist die Gerechtigkeit nur ein Anfang der Bruderliebe. Unter den christlichen Tugenden spielt die Gerechtigkeit ungefähr die Rolle Johannes des Täufers unter den Heiligen. Sie hat einen Namen bei den Menschen und ihr Name ist unserem Wesen als Gotteskinder eingeprägt, sie hat einen Namen in der Kirche; an ihr verwirklichen sich auch die Worte des Herrn an Johannes den Täufer: Er ist der Größte unter den vom Weib Geborenen, aber nicht der Größte im Himmelreich. Denn die christliche Gerechtigkeit wird immer zwei Kennzeichen besitzen, die sie von der Gerechtigkeit der Ungläubigen oft bis zum Gegensatz unterscheiden: Nicht alles läßt sich auf Erden regeln. Der Schlüssel zur Buchführung der christlichen Gerechtigkeit ist eine Schuld, die Christus zu einem teuren Preis auf sich genommen hat und die wir immer neu mit ihm zu bezahlen haben.

Dies einem Marxisten vorzutragen heißt, ihn nicht nur mit den christlichen Überzeugungen zu konfrontieren, sondern auch mit einer der großen religiösen Konstanten der Menschheit: mit dem Glauben an ein göttliches Gericht – ein für das marxistische System zweifellos besonders ungewohnter und verdächtiger Gedanke, ein Zeugnis aber auch für das ewige Leben. Selbstverständlich bezeugen es ebenso die Proteste vieler Bischöfe gegen das Elend wie gegen den Reichtum oder das Beispiel vieler Prälaten, Priester, Ordensschwestern oder Christen, die wie Christus die Armut und die Armen lieben und sich ganz einsetzen, damit den

Brüdern ihr Recht verschafft werde. Diese Zeugnisse werden aber gleichsam widerlegt durch die allzu bekannten Vorkommnisse und Zustände in katholischen Ländern: alles scheint sich da so abzuspielen, als gäbe es nur diese Erde; Sanktionen und Privilegien scheinen von der Gerechtigkeit Gottes nichts zu erwarten. Es wäre schon traurig genug, wenn dadurch die Bruderliebe verletzt und wir daran gehindert würden zu sagen, wie Christus sie verstanden wissen wollte. Doch es geht um eine noch ernstere Sache: sie leugnen in ihrem Verhalten und dies vor Menschen, die einem totalen Atheismus verfallen sind, die Grundlage jeglichen religiösen Glaubens: nämlich daß Gott Gott ist.

Wahrheit und Liebe

Mehr als anderswo wird der Christ bei den Marxisten Mühe haben, die Wahrheit mit dem in Einklang zu bringen, was er oft als Liebe [charité] bezeichnet. Die Sentimentalität, ein häufiges Charakteristikum im Proletariat, erweist sich als Gegenindikation für den, der im Proletariat leben will, ohne selbst Proletarier zu sein. Da ihm alles zu Herzen geht, bezeichnet er jede Erschütterung bei einem Unglück, jeden Zorn über ein Unrecht, jedes mütterliche Gefühl für Kranke oder Schwache schon als Liebe. Alles wird Liebe; und ihrerseits ist die Liebe wiederum Gebet, Unanfechtbarkeit, Tugend; die Liebe ist alles.

Nur ein intensives Glaubensleben scheint in dieses Durcheinander von Gefühlen etwas Ordnung bringen zu können.

Der Glaube hat das Glück, nicht zu *sehen,* sondern zu *glauben.* Er bewahrt uns vor unseren unbedachten Vorlieben für Teilwahrheiten, die uns so leicht verführen. Wenn wir nicht dagegen geschützt werden, machen sie sich zum Gipfelpunkt unseres Einsatzes, unserer Begeisterungen – sie sind immer begeisternd –, sogar unseres Gebets. Teilwahrheiten bringen es so weit, zwar nicht an sich falsch zu sein, aber die Wahrheit zu verfälschen, indem sie die Wahrheit «in die Perspektive» setzen.

Doch die Frage ist nicht leicht zu lösen. Ich habe es schon mehrfach gesagt: im Proletariat ist man sentimental; ein Evangelium ohne Zärtlichkeit, eine nicht wahrnehmbare Liebe wird gar nichts ausrichten können.

Die Furcht
Die Kirche trägt eine überaus mächtige Verteidigungswaffe in sich. Sie steht ihr zur Verfügung. Ihr Name bezeichnet sowohl alles, was die Menschen unter dem Einfluß der Welt schlapp macht, wie auch, was sie durch Gottes Geist unbeugsam werden läßt. Die Kirche schenkt sie uns feierlich als «Gabe» Gottes: die «Gottesfurcht», während die Welt und so oft auch unser Fleisch uns Furcht und Angst einjagen. Und überall, wo Angst uns fliehen machen möchte, läßt uns die Furcht als Gabe des Heiligen Geistes fürchten, daß Gottes Wille nicht erfüllt wird, und so wird die Angst besiegt und wir werden unbeugsam durch die Kraft des Geistes.

Wenn Feiglinge nur mit Mühe ins Reich Gottes gelangen, das die «Gewalttätigen» an sich reißen, so finden auch die Tollkühnen nicht leicht einen Zugang. Um aber der Seligpreisung der Armen teilhaftig zu werden und ihr Leben freiwillig zu dem seinigen zu machen, ist die wahre Gefahr eines solchen Schrittes abzuschätzen. Wenn so viele unter uns im Kontakt mit dem Proletariat mit verwundeten und zerrissenen Seelen zurückbleiben, so weil sie die Furcht abgewiesen haben, wie man die Angst abweist. Wenn der Christ den Mut hat, in rechtem Maß auch das zu fürchten, was er sein wird und tun will und dazu allein auf Gott vertraut, dann ist er gut gewappnet.

3. Realismus der Kirche

Die Kirche ist das kollektive Faktum, das den Marxisten am meisten zusetzt. Die Geschichte des Marxismus ist die Geschichte eines Werdens, das in den Fakten der Vergangenheit gegeben ist.

Die Kirche ist ein lebendiger, tätiger, fruchtbarer Leib. Unser Zeugnis bleibt unvollendet, wenn unsere Eingliederung in die Kirche nicht ausdrücklich als eine lebensbedingende Notwendigkeit verstanden wird.

Wenn wir als Leute erscheinen, die sich in ihrem Handeln auf das beziehen, was Christus war und gesagt hat, so haben wir, wenn unsere Handlungen Glaubens*akte* bleiben sollen, nicht nur das gesamte Evangelium ernstzunehmen, auch unser «Bekenntnis» zur Kirche hat ein totales zu sein. Wie die Treue zum Evangelium wird in der Kirche, entsprechend unserer inneren Aktivität und äußeren Haltung, auch unsere lebendige Kraft eingefordert zur Festigung des christlichen Lebens und zur Entfaltung seines apostolischen Sinns. Evangelium und Kirche bilden ein einziges Faktum. Selbst wenn das Evangelium nur etappenweise verkündet wird, wenn das Geheimnis der Kirche für lange Zeit undeutbar bleibt, so ist doch das ganze Evangelium für die ganze Kirche da.

Unsere Generation hat das nur unvollkommen begriffen. Viele Christen dieser Generation haben versucht, ihr Leben einem soliden Realismus des Evangeliums zu unterstellen. Doch während jedes Wort Jesu für sie zum Anlaß der Besinnung und Umkehr wurde, blieb die Kirche, der Leib Jesu, wie die von ihr verlangte organische Unterordnung, blieben die uns von ihr zugewiesenen Aufgaben, ihre Organe, ihre Verbindungen und gegenseitigen Beziehungen, alles, was sie zu einem Leib macht, reine Abstraktion und Begriff und an eine Disziplin gebunden, die von der Schwungkraft eines Lebens nichts mehr spüren ließ. Wir haben dagegen reagiert, daß die Worte, die Geist und Leben sind, in einen Moralismus verwandelt werden, haben aber nicht wahrgenommen, daß wir aus dem mystischen Leib Jesu Christi eine Art Staat gemacht haben, in dem jeder Bürger seine Aufgaben hat. Ein paar Beispiele um zu verdeutlichen, was ich sagen will.

Wie wir die Worte Jesu, in denen er sich mit einem hungernden Menschen identifiziert, ganz wörtlich nahmen, so haben wir nun logischerweise auch die Begegnung mit diesem selben Christus zu «verwirklichen», der in seinen verschiedenen und heiligen Funktionen in diesem Bischof oder jenem Priester, im Papst bis zum schlichtesten Getauften lebendig wirkt. Wenn das Evangelium uns zu einem Leben anspruchsvoller Brüderlichkeit mit den Menschen geführt hat, so gibt uns der Glaube vollkommen klare und genaue Anweisungen für die lebendigen Beziehungen, die wir zu allen unterhalten sollen, die in der Kirche Christus sind. Wenn das Evangelium uns beigebracht hat, daß kein Mensch für uns das ist, was wir einen «Fremdling» nennen;

so lehrt uns das Glaubensleben, daß nichts von dem, was die Kirche ist, uns fremd bleiben darf.

Ohne kraftvolle Umkehr zu diesem kirchlichen Realismus, werden wir ein Evangelium, dessen volles Gewicht nur der Kirche angemessen ist, nicht tragen können, es sei denn wir erleichtern dieses Evangelium so sehr, daß es nicht mehr Evangelium ist, wir also etwas anderes verkünden, als das, was es ist.

DRITTER TEIL

ZURÜCK NACH IVRY

I. Wie sich eine universale Frage in Ivry stellt

II. Forderungen dieser apostolischen Fragen

III. Ein Leben im Widerspruch

I.
Wie sich eine universale Frage in Ivry stellt

1. Ein missionarisches Ziel

Christus kennt uns als Erlöste, die sich sein Erlösungswerk zu eigen machen, indem sie mit ihm erlösen. Wohin immer er uns führt, es wird dort Sünde geben oder Irrtum, Gefahren der Verführung oder verbrecherische Verfolgungen.

Jesus Christus schickt uns weder in seine Kirche noch in die Welt, damit wir unter großem Aufwand an Zeit und Besinnung uns selbst zum Zeugen aufbauen. Er schickt uns – und zwar auf kürzestem Weg – an *seine* Arbeit. Diese Arbeit ist für alle noch so verschiedenen Sendungen immer dieselbe: das Evangelium Jesu Christi zu den Menschen bringen oder es Menschen zukommen lassen, denen es noch nicht verkündigt worden ist. Das zu kennen, was von uns verlangt wird, ist erste Bedingung des Gehorsams; wer diese Kenntnis nicht hat, ist von vornherein ungeeignet. Wir werden dem Bösen, dem Atheismus, der Sünde, den verlorenen oder irregeleiteten Menschen erst begegnen können, wenn wir wissen, mit welcher Hilfe der Herr uns unter ihnen beistehen wird. Stets aber wissen wir im voraus, was Gott in seiner Treue versprochen hat, was wir zu erhoffen haben.

Erstaunlich ist die außerordentliche Vielfalt der Geschichte der Sendungen, ihrer Unternehmungen und Einfälle, die Unterschiedlichkeit der Menschen und ihrer gegensätzlichen Charaktere, alles aber ist letzten Endes auf ein einziges Ziel hingeordnet, und eine einzige Leidenschaft erfüllt alle: Gott durch die Verkündigung Jesu Christi und seines Evangeliums zu verherrlichen. Großmütig verschenkte Herzen, Intelligenzen im Einsatz, restlos aufgeriebene

Widerstände, bis zur Erschöpfung angespannte Kräfte – all das dient einem genauen, einfachen, unwandelbaren Ziel: Zeugnis und Botschaft Jesu Christi zu den Menschen zu bringen, die sie noch nicht empfangen haben. Bei all ihrer Größe ist die Geschichte dieser Sendungen gleichsam ein großes Aufstrahlen eines einzigen doppelgesichtigen Geheimnisses – das Geheimnis der Erwählungen Gottes.

Viele Christen kennen die Verlassenheit und das Elend eines Volkes ohne Christus; nur wenige wollen diesen Zustand nicht fortdauern lassen und sind bereit, ihr Leben dafür einzusetzen.

Viele und verschiedene Ungläubige werden die frohe Botschaft vernehmen, keiner aber weiß, wer zum Glauben berufen wird. Den Glauben zu geben, steht nicht in der Macht der Menschen, nicht einmal derjenigen, die sich selber hingeben. Darin liegt zweifellos ihre größte Armut: das, was ihnen das Teuerste ist, nicht verschenken zu können.

Um verstehen zu können, was *die* Sendung eines jeden von uns ausmacht, ist es nicht gleichgültig, ob wir uns noch durch das Verschiedenartige etwa der Reisen und Besuche des heiligen Paulus und einer Schule in Afrika, der Monasterien des heiligen Benedikt und eines Krankenhauses im Hohen Norden, des Zeltes von Charles de Foucauld und eines Studienhauses im Fernen Osten, der langen Märsche eines Katechisten durch das Land und des Karmels der heiligen Therese vom Kinde Jesu ins Staunen versetzen lassen. All das ist dazu da, die Stimme des Missionars, der Jesus Christus verkündet, an das Ohr des Ungläubigen heranzutragen. All diese Mittel, für jeden das *seine* persönliche, sogar das Mittel der kleinen Therese, die mit ihren Rosen und ihrem Kruzifix bei so vielen feindlich Gesinnten aller Rassen, Klassen und Farben an der Wand hängt.

Es wird nicht klar, ob jeder Glaubensbote weiß, inwieweit das neue Mittel, das er einzusetzen hatte, bloß ein Mittel war. So verhält es sich gewiß auch in unserem Arbeitsfeld. Vor nicht allzu langer Zeit wurden neue Formen der Predigt, neue Methoden in der Jugendarbeit und Sozialhilfe als letzte Marschrouten des Evangeliums angesehen. Gestern war es die Ablehnung jeder missionarischen Arbeit, die den Rahmen eines alltäglichen Lebens sprengt, eine Ablehnung auch aller bekannten Bemühungen um die «proletarische Mission», die als wichtigste Bedingung proletarische Lebensumstände voraussetzt.

2. Wie sich diese Frage in Ivry stellt

Diese ganze Arbeit gründet so ausschließlich auf einer lokalen Beobachtung[4], daß man sich fragen muß, ob ein so beschränktes Beobachtungs- und Lebensumfeld nicht von vornherein zu Fehleinschätzungen führt. Um das zu beurteilen, darf zunächst der mehrfach betonte Vorbehalt, der im außergewöhnlichen, ja fast einzigartigen Charakter von Ivry besteht, nicht vergessen werden. Ferner scheint es notwendig, die doppelte Perspektive, in der Ivry gesehen werden muß, genau und mit größtem Realismus vorzustellen.

Im Hinblick auf den Marxismus

Sämtliche politischen, administrativen, gewerblichen, kulturellen und erzieherischen Funktionen auf Gemeindeebene werden von Mitgliedern der Partei ausgeübt oder von Sympathisanten, die als solche bekannt sind. Ivrys nationale und internationale Rolle als Quasi-Hauptstadt und Schulstadt des Marxismus liegt stets in den Händen der politisch Aktiven und Verantwortlichen, den gleichen zum Teil, die es gestern oder vor Jahren aufgebaut haben. Ivry vereinigt ein Potential an Willensstärke und theoretischer Schulung, das sich zahlenmäßig nicht abschätzen läßt und nicht nur durch die lokalen Verantwortungsträger gebildet wird, sondern auch durch andere Parteimitglieder, die zwar in Ivry wohnen, ohne dort ihre eigenen Verpflichtungen zu haben. Diese zweite Bedeutung der Stadt ist nicht zu unterschätzen.

Es bleibt nun noch, diese doppelte Einschätzung im internationalen Kommunismus im Zusammenhang mit der kommunistischen Partei Frankreichs und im Hinblick auf eine apostolische Besinnung zu situieren.

[4] Vgl. 1. Teil, Kp. 1.

Im Hinblick auf den französischen Atheismus

Daß die Einheit des Marxismus, selbst außerhalb von Krisenzeiten, verschiedene Kennzeichen aufweist, je nachdem mit welchem Volk er in Kontakt kommt, daran müßten wir kaum erinnern, wenn nicht jede Frage, die den Atheismus oder die Evangelisierung im Hinblick auf den Kommunismus betrifft, sich in Frankreich in mancher Hinsicht auf einmalige Weise stellte. Ja, man kann von der Perspektive des Apostolats her gar nicht genug betonen: auch wenn sämtliche marxistischen oder dem Marxismus nahestehenden Milieus auf eine selbe unruhige Zukunft hinleben, so unterscheiden sich doch die von ihnen in der aktuellen Situation gestellten Fragen; sie ergeben sich aus früheren Situationen.

Wo immer der Marxismus vorkommt, neigt er sich zum Atheismus, seine antireligiöse Tätigkeit aber richtet sich nach dem angetroffenen Stand der Dinge; sei es nun der Katholizismus jahrhundertalter katholischer Staaten oder derjenige eifriger, alteingesessener Gemeinschaften in heidnischen Ländern, sei es der religiöse Geist nichtchristlicher Völker oder der christliche Geist von Nationen, die nicht katholisch sind. Diese Besonderheiten, die die Weisen, dem Marxismus beizutreten, bestimmen, bestimmen notwendig auch das Apostolat.

Frankreich ist ein Einzelfall in Europa wie unter den katholischen Nationen. Vom Christentum durchformt, ist es auch mit Revolutionen vertraut. Unter diesen gibt es wenige, die nicht antiklerikal gefärbt sind. Wenn die kommunistische Partei in einer beachtlichen Zahl französischer Regionen verwurzelt ist, so ist sie doch jüngeren Datums als der Atheismus. Die seit langem entchristlichten Gebiete sind kommunistisch geworden, andere lehnen den Marxismus ab, verhalten sich aber dem Glauben und mehr noch der Kirche gegenüber feindlich.

Frankreich besaß immer wieder, sowohl um seine revolutionären Etappen vorzubereiten wie sie zu assimilieren, des Denkens und Handelns fähige Männer. In diesem Bereich wollte die französische Logik, zumindest auf verbaler Ebene, nicht auf ihre Rechte verzichten. Somit besteht bei uns, was die Revolution betrifft, eine gewisse Tradition, eine Mentalität, mit der man rechnen muß, weil der Franzose damit rechnet.

In ihrer Beziehung zum internationalen Kommunismus wahrt die französische Partei bewußt ihren Vorrang, Landsmann der großen Revolution und mehr noch der Kommune zu sein; sie wahrt sich irgendwie ihre Ältestenrechte. Doch trotz ihrer zahlenmäßigen Stärke besitzt sie keinerlei Erfahrung des Herrschens noch in der Führung eines ihrer Größe entsprechenden Kampfes. Diese Eigenschaften der französischen kommunistischen Partei aber auf ihre sämtlichen Sektionen in Frankreich zu übertragen, wäre ein schwerwiegender Irrtum. Die Zonen zum Beispiel, wo der Kommunismus gleichsam trächtig und im Begriff ist, sich flächenmäßig auszudehnen, die Zonen des Unterproletariats, das sich um Zechen, große Unternehmungen oder um dieses oder jenes industrielle Ballungszentrum herum sammelt, entgleiten meist den oben erwähnten Feststellungen, zunächst einmal, weil es sich um internationale Gruppierungen handelt. Allein die Tatsache ihrer Internationalität hindert diese Zonen, Stimmen für ihre Meinung zu haben. Sie bilden dennoch ein Element im großen Faktum der marxistisch infiltrierten Gebiete. In einer Studie über die Ausbreitung des Marxismus könnte dadurch leicht die Bedeutung gewisser Symptome verfälscht werden. Es gibt also in manchen dieser Gebiete einen oft nicht zu unterschätzenden Anteil nichtwählender Kommunisten, ohne daß diese offiziell in Erscheinung träten.

Andere Zonen wählen zwar kommunistisch, ihre politische Evolution hat aber erst begonnen. Es handelt sich um französische Bevölkerungen, die oft von außen kaum beeinflußt, traditionell christlich waren, in denen aber die industrielle Ballung die Ortskirchen überrumpelt und damit das Anlaufen der kommunistischen Propaganda begünstigt hat. Eine Bevölkerung mit so improvisierten Überzeugungen hat weit weniger Ähnlichkeit mit Ivry als gewisse nicht marxistische Gebiete, die mit ihrer antiklerikalen Tradition in einem «Freidenkertum» und Laizismus verwurzelt sind, die die Propaganda institutionalisieren und gewährleisten.

Als Stadt hat Ivry, meines Erachtens, nur wenig ihr Gleichrangiges. Städte des gleichen Typus sind zwar ziemlich zahlreich, doch da sie erst kürzlich marxistisch geworden sind, besitzen sie weder in der ideologischen Auseinandersetzung noch im Arbeitskampf, noch in dem zur Tradition gewordenen Atheismus eine Ivry entsprechende Vergangenheit. Ich nehme an, daß es auch im Ausland marxistische Städte gibt, die Ivry ähnlich sind, ohne aber die erwähnten typisch französischen Merkmale aufzuweisen.

Ein weiterer Aspekt der Stadt Ivry ergibt sich aus ihrer Rolle als Katalysator für manche gruppierten oder isolierten Kommunisten inner- und außerhalb Frankreichs, die eine außergewöhnliche marxistische Durchtränkung zusammengeführt hat, sie aber für eine mehr oder weniger lange Zeit von anderen kommunistischen Milieus isoliert. Katalysator ist Ivry auch für politisch Aktive, die auf die Initiative der Partei und ausschließlich aus politischen Gründen versetzt worden sind. Solche Versetzungen bilden einen der anfordernsten Aspekte der Parteidisziplin. Vororte, Schlafstädte, Sozialwohnsiedlungen, Zellen oder Sektionen der Partei, gewerkschaftliche Sektionen, sympathisierende Organisationen überlagern sich in einem Fächer von Gruppen und einem Fächer mit politischem Gewicht, die beiden entsprechen sich nicht.

Mit bestimmten von ihnen fühlt sich Ivry näher verbunden. Für diese wie für die Verantwortlichen der sich nur langsam entwickelnden Regionen und die zur Verfügung stehenden politisch Aktiven ist Ivry eine Stütze als Vorbild und als Zusammenhalt.

Abgesehen von den geographischen Distanzen beeinflußt Ivry – und nicht Ivry allein – als Stadt und durch die Vermittlung ihrer Einwohner die Elite der Partei. Sie wahrt dort den Kontakt gleichsam zu menschlich seltenen Elementen, solchen, die von den Biologen als Spurenelemente bezeichnet werden. Unverzichtbar im Aufbau der Gewebe, wirken sie in ihrem Bereich nur, sofern sie diesem eingefügt bleiben. Bei den «seltenen» politisch Aktiven gilt es, den Kontakt mit der gesamten Partei zu hüten.

3. Sind in Frankreich die Organisationen des katholischen Apostolats in der Lage, in der Praxis auf diese Fragen zu antworten?

Der Kommunismus in Frankreich, mit seinem Apparat, seiner offiziellen Organisation, seinen Bewegungen der Unterstützung und Propaganda, schließlich mit seinem schwerfälligen Anhang aus Sympathisanten, halbherzigen Jüngern und «Amateuren», bildet keine sichtbare und durchgehende Front. Marxismus und marxistische Infiltration können eine allgemeine Notlage, ein massives Gären oder besondere Bedürfnisse begründen. Sie können bestimmte, bis ins Äußerste ausgefächerte apostolische Verpflichtungen und Aufträge erfordern.

Die Menschen jedoch, die uns von den Rubriken am ehesten unterschlagen werden könnten, sind, bis auf Ausnahmen, die Bewohner der Städte und Dörfer, der Sozialwohnblöcke und Baracken, Arbeiter unter Arbeitern, Bauern unter Bauern, unter Selbständige und Verwaltungen gemischt, Studenten der neuen Universität oder Lehrer an den Staatsschulen, weit verstreut oder zusammengedrängt, quer durch ganz Frankreich. Das heißt, die Kirche hat fast immer die Möglichkeit, durch die Pfarrgemeinden und ihre Gruppen, durch die Organisationen und Gemeinschaften, durch die allgemeine oder spezialisierte Katholische Aktion mit den Marxisten direkt oder indirekt in Kontakt zu treten, wie auch durch aktive Christen, bei denen es selten vorkommt, daß sie mit Marxisten überhaupt keinen oder nur mit ihnen Kontakt haben.

Doch sollte man sich nicht verhehlen, daß diese apostolische Möglichkeit in Apostolat umzuwandeln, eine ganz ungeheure Anstrengung bedeuten würde. Ja schon sich dieser Möglichkeiten bewußt zu werden, erforderte ganz allgemein ein Aufsprengen der Gesinnungen wie auch die mühselige Überwindung der oft schon untereinander gegensätzlichen Standpunkte. Es wäre zudem erstaunlich, wenn diese Möglichkeiten in der Mehrzahl der Fälle zum Einsatz gekommen wären.

Die Tatsache, daß die Marxisten sich meist in Minderheit befinden, macht jeden Versuch des Apostolats zu einem kostspieligen Unternehmen. Der gleiche Sachverhalt erschwert auch jede Gesamtinformation zu dieser Frage. Er zeigt uns andererseits auch, auf was für Schwierigkeiten die ersten Versuche auf der praktischen Ebene stoßen werden: Das unterschiedliche Niveau der marxistischen Doktrin, die Verschiedenartigkeit der Propaganda, ihr Grad oder Alter im Atheismus. Er macht zugleich auch deutlich, welche Bewegungen, Sektionen, Priester und Aktive geeignet sind, die als ausgesprochen apostolisch erkannten Verantwortungen wahrzunehmen. Hier stellen sich viele Fragen. Es ist uns klar: Antworten müssen gefunden werden, und die bereits gefundenen kennen wir nicht. Zu erwähnen blieben noch, ohne sämtliche Hindernisse aufzulisten, mögliche Reibereien zwischen sonst gut aufeinander eingespielten Mitgliedern einer Gemeinschaft; der Christ wird sich gerade in den übernommenen marxistischen Kontakten bewußt, was ihm fehlt. Er soll aber sich selbst bleiben, soll sein Leben nicht verrenken, sondern ausweiten, er soll seine eigene Wurzel hüten, bereit sein, sich auch mit anderer Luft zu nähren. Auf derselben, doch ausgedehnteren Ebene sind auch die schwierigen Entscheidungen zu erwähnen, vor allem was die Sektionen der «Action catholique» betrifft. So kann etwa in einem Umfeld, wo Kommunisten selten sind, ein Sektionsmitglied an seiner Arbeitsstätte oder in seiner Familie mit einem Marxisten in enger Beziehung stehen. Sich bei den Versammlungen der Sektion mit diesem zu befassen, würde Zeit und Mühe kosten und könnte die übrigen Sektionsmitglieder benachteiligen, die um eines Einzigen willen vom Zentrum ihres Anliegens abgelenkt würden.

4. Was nicht bedacht worden ist

Diese Ortung der heutigen katholischen Organisationen zeigt übrigens eine Lücke im Apostolat: nämlich die Ivry vergleichbaren marxistischen Bereiche.

Daß sich diese apostolische Lücke gerade ihnen gegenüber zeigt, ist kein unbedenklicher Umstand. Man bedenke wohl, was über diese außergewöhnlichen Leute und ihre Umwelt aus politisch Aktiven und Verantwortlichen gesagt worden ist: Sie sind zwar wenige, verfügen aber über Energien, die nur von der entfalteten Tätigkeit her beurteilt werden können. Es scheint ihr Auftrag zu sein, systematisch ein Absolutum der Partei zu leben, eine ebenso reale Aufgabe, wie jede andere administrative oder politische Funktion.

Ich habe weiter oben in groben Zügen die beiden Wertskalen aufzuzeigen versucht, nach denen Ivry eingeschätzt werden kann:

Die eine Skala mißt alles, was ökonomisch, politisch und sozial einen geographischen und administrativen Raum füllen kann, die andere ermißt die Energien, die von den Kommunisten Ivrys eingesetzt werden, nicht um persönliche oder partikuläre Tendenzen zu verwirklichen und zu verbreiten, sondern um den Kommunismus an sich zum Ausdruck zu bringen, einem Ausdruck, der wie der Kommunismus selbst zugleich ein unveränderter und ein sich wandelnder ist.

Dieses Streben nach einer Art Absolutum befähigt solche Milieus, vereinzelte Elemente aus der Distanz anzuregen, zusammenzuführen und zu bestärken. Solange der Marxismus in der Art eines lebendigen Gewebes wächst und erstarkt, sind die Leute, die in seinen Reihen die Aufgaben der Verbindung und Erneuerung wahrnehmen, vitale Elemente ersten Ranges für seine innere Ökonomie. Solche Gestalten und Gebiete eines exemplarischen Marxismus reichen, Ivry miteingeschlossen, weit über Ivry hinaus. Ihnen gegenüber diesen apostolischen blinden Fleck fortdauern zu lassen, wäre schwerwiegende Leichtfertigkeit.

Bevor wir aber die Anhaltspunkte für ein auf die Marxisten hin ausgerichtetes Apostolat zusammentragen, müßten zunächst die Beobachtungen und Erwägungen abgebrochen und der Stand der gegenwärtigen Situation auf den Punkt gebracht werden. Der «Punkt», sofern es sich nur um einen Punkt handelt, muß sich allerdings in eine Gesamtsicht einfügen und darf nicht von der christlichen Erprobung isoliert werden: von der Verfolgung, von den universalen katholischen Leiden. Es müßte unablässig wiederholt werden: Die Schwierigkeiten, Anfechtungen, Verwirrungen, von denen wir im Kontakt mit dem Marxismus nicht verschont werden, führen in ihren feinsten Fibern denselben Saft, von dem sich anderswo die Unterdrückungen, Anklagen und Umerziehungen nähren. Von Christ zu Christ, ob wenig oder massiv angefochten, fließt eine gleiche Kraft auf ein gleiches Ziel zu. Die Bande, die uns alle verbinden, werden keinen von uns unversehrt lassen können. Offen oder verborgen hat ein jeder sein Maß an Leid einzubringen.

Die einzelnen katholischen Bewegungen unterscheiden sich durch ihre Eigenarten. Das positivste Element aber, das sich aus den vorangehenden Überlegungen ergab, ist die Gewißheit, daß der Glaube allein, dieser aber mit Sicherheit, die marxistische Ansteckung für uns unwirksam machen kann. Der Glaube bildet die Notration jedes Christen, und von daher auch aller Gruppen, in denen sich Christen zusammenfinden. Als in die Kirche Eingefügte finden sämtliche in ihr anwesenden und wirkenden Bewegungen und Gruppen die einschlägigen Mittel für das Apostolat: Ein Leben, das das Evangelium bezeugt, das Wort und, mit der Lebenshingabe verbunden, das Bekenntnis des Glaubens.

Schließlich, wenn jeder Zeit eigens aufgegeben ist, die Heiligkeit gewisser aussterbender Tugenden wieder zu beleben, so bleibt das christliche Leben in allen Menschen und zu jeder Zeit an die Tugenden gebunden, die nicht kraftlos werden können, ohne daß das christliche Leben selber alle Kraft einbüßt. Diese Tugenden sind für jedes apostolische Leben unter Marxisten, so umfassend oder gelegentlich es sein mag, unerläßlich. Das heißt: ein Apostolat in marxistischer Umgebung hat sich von Anfang seiner Realisierung an gleichzeitig auch allen Menschen in der Kirche brüderlich zuzuwenden. Je unmittelbarer es sich dorthin begibt, wo die Kirche offiziell nicht hingelangen kann, je mehr es sich also nach außen wendet, umso tiefer schöpft es den Beweggrund seiner Handlungen aus der Kirche, umso innerlicher wird es ihr. Diese selben Gründe gelten in höchstem Maß bei allen, die das Apostolat zu den Marxisten ruft.

Deshalb wollte ich mich zu ihrem Echo machen, zumindest zum Echo einiger von ihnen, und den Hinweisen auf die gemeinsamen Risiken nun auch solche über unsere gemeinsamen Kräfte folgen lassen. Wenn sie von den folgenden Kapiteln, wo sie eigentlich hingehört hätten, getrennt sind, so weil sie sich für mich zuerst – wie die für die Überquerung einer Furt und für den weiteren Weg notwendigen Steine – herausgelöst haben[5].

[5] Vgl. S. 164ff.

II.
Forderungen dieser apostolischen Fragen

1. Einige praktische Vorbedingungen

Lebensform und Lebensbedingungen

Die Lebensbedingungen haben im marxistischen Bereich eine verhältnismäßig geringe Bedeutung; wichtig ist die Art, wie sie gelebt werden. Diese Lebensweise, was gleich zu Beginn hervorzuheben ist, verlangt, daß ungewohnte Situationen oder Umstände stets deutlich erklärt werden. Auf der marxistischen Welt lastet tatsächlich eine zwar unregelmäßige, aber ständige polizeiliche Überwachung. Unsere Ankunft an einem bestimmten Ort – auch wenn nur in apostolischer Absicht –, ein Wechsel des Arbeitsplatzes oder eine Reise sollen nicht unerklärt bleiben; sie haben gemeldet zu werden als das, was sie sind, ohne Verstellung und Tarnung, beides ließe sich nicht mit einer elementaren Aufrichtigkeit vereinbaren und würde uns – übrigens mit Recht – in den Verdacht geheimer Aufträge bringen.

Ein weiterer Aspekt: der aktive Christ, der unter seinen Kameraden nur zwei oder drei Kommunisten hat, muß für gewöhnlich darauf bedacht sein, sein tägliches Leben eher anderen apostolischen Aufgaben anzupassen, die den Marxismus nicht unmittelbar berühren. Meistens gewährt ihm aber die Situation am Arbeitsplatz und in seiner Familie kaum die freie Wahl. Schließlich sei noch kurz erwähnt, was immerhin nicht belanglos ist: irgend etwas tun, heißt nicht, es irgendwie tun. Gut geleistete Arbeit ist keineswegs etwas zu Unterschätzendes. Sie verdient – bei den Kommunisten wie bei uns – Anerkennung. Ein guter Arbeiter zu sein – gleichviel, auf welchem Gebiet – macht den Christen zur soliden, gefestigten Persönlichkeit.

Lebensbedingungen und Lebensweise bilden auch das Grundmuster des apostolischen Einsatzes, wobei die Glaubenskundgebungen sich einfügen, die eben erwähnten großen Mittel: das christliche Faktum, das Wort, das Opfer. In dieses Grundmuster müssen sämtliche Mittel integriert werden, die uns durch die Gnade Gottes verfügbar sind. Wir bleiben auf sie angewiesen. Die Dringlichkeit und die Zusammenhänge des apostolischen Lebens machen sich mit jedem Glockenschlag der Rathausuhr deutlich. Vom Öffnen der Fensterläden in der Frühe bis zum Gang durch die Wohnung spät abends spielt sich dieses Leben in der Öffentlichkeit ab. Ausgehen, Heimkommen, Überstunden machen, Radio andrehen, Post bekommen, das sind alles öffentliche Fakten. Dafür brauchen wir, wenn wir uns an den politischen Geist der militanten Kommunisten in Ivry erinnern und auch daran, wie sie sogar die Lebensbedingungen zu Mitteln verwandeln, die apostolischen Ansatzmöglichkeiten gar nicht erst zu suchen. Die Wege, die der kommunistische Einfluß geht, führen über Treppen und Straßen, über Marktplätze, Konferenzräume und Arbeitsämter. Sie führen in Fabriken und an den Hafen; sie kommen uns entgegen. Wir gehen dieselben Straßen von der anderen Seite her, bleiben bei denselben Häusern stehen, folgen einer der Routen der marxistischen Propaganda, um ihr und ihren militanten Marxisten in der Stadt zu begegnen, die ihr und unser Leben durcheinandermischt.

Lebensweise

Auf solche Art zu leben, fällt nicht leicht. Wir stehen neuen, im zweiten Bündel der Notizen erwähnten Lebensumständen gegenüber, die in den Christen den unabweisbaren Eindruck erwecken, Neuland zu betreten. Diese Umstände in vollem Wissen, um was es geht, anzunehmen und damit die Verantwortung, erste Spuren eines christlichen Handelns hineinzubringen, kommt einer Lebenswahl gleich, einer Wahl, wie wir sie auch für ähnliche apostolische Aufgaben zu treffen hätten.

Die Lebensart, die wir vorfinden, ohne daß wir sie selber wählen können, muß ihrem missionarischen Ziel, Vermittler des Evangeliums zu sein, angepaßt bleiben. Dies wäre ohne die helfenden Kräfte des übernatürlichen Lebens nicht möglich. Diese Kräfte sind die christlichen Tugenden. Sie sind für uns meist allzubekannt und mißverstanden worden; sie tragen Namen, die uns wohlvertraut sind, aber bloße Theorie bleiben, solange wir uns die ihnen einwohnenden Lebenskräfte nicht klar gemacht haben.

Hier stoßen wir wiederum auf die Forderung nach «Originalität», die für eine Begegnung mit einer Umwelt ohne jedes christliche Gepräge unerläßlich ist. Dort wird man sich nicht nach etwas bereits Getanem, bereits Gesehenem richten können. Damit wir unseren Glauben leben, werden wir zunächst zusehen müssen, wie wir ihm in allem gehorsam sein können. Nirgends finden wir ein Vorbild, das wir nur nachzuahmen hätten. Alles christliche Handeln muß sich um die Unterscheidung der Geister, um den Willen zur Disziplin und Einfügung bemühen sowie um eine Treue, die in ihrer vollen Bedeutung verstanden, uns vor oberflächlichem Aktivismus bewahren und vor seinen gefährlichen Giftstoffen, die das Gleichgewicht stören, schützen wird. Es geht um einen erfinderischen Gehorsam, bei dem jede Tat den Stellenwert entdecken soll, der ihm schon jetzt in einem Plan Gottes zukommt.

2. Ein unerwartetes Gesicht der Hoffnung

Die Herausforderung des Marxismus als Berufung für Gott

Die Verheißungen Christi umfangen die äußersten Grenzen der Erde. Die Grenzen eines missionarischen Anspruchs unter Kommunisten wird man kaum enger ziehen können, denn jeder von ihnen hat Bande der Solidarität bis ans Ende der Welt. Wir als Menschen, die im voraus für die ganze Welt berufen wurden, sollten uns nicht übertreffen lassen.

Ein so universales Unternehmen, von dem wir nur den Ansatzpunkt für unser eigenes Handeln kennen, hat übrigens nichts Ungewohntes. Zahllose Menschen in der ganzen Welt verrichten ihre Arbeit mehr oder weniger bewußt oder frei. Was uns aber stört, ist das Unzureichende unserer Mittel.

Die Mittel, die wir im Gebrauch sehen, wenn es darum geht, die ganze Welt zu erreichen und einen gewissen Einfluß auf sie zu gewinnen, sind Mittel der Gewalt, der gestauten und für die jeweilige Aufgabe eingesetzten natürlichen Kräfte. Gesammelter und aufgestauter Zorn ist eine solche Kraft. Der Marxismus bedient sich seiner zur Beherrschung der Erde.

Die christliche Hoffnung stützt sich nicht auf den Zorn, denn der Zorn kann sich auf keine göttliche Verheißung berufen. Wenn wir der Welt bedürfen und der Zeit, in ihr zu leben, wird die Sanftmut allein unsere Hoffnung erfüllen. Nur der Sanftmut ist der Besitz der Erde verheißen. Leben entsteht und wächst in der Stille. Das Leben bleibt unbeugsam und sanft auch in den heftigsten Erschütterungen. Noch im Alter und im Tod bleibt das Leben eine Verheißung und eine Kindheit.

Die missionarische Hoffnung, die in den Zuckungen und Tragödien der Welt den Vorübergang und das Wachsen des göttlichen Lebens erspäht, darf es, wie der Prophet Elija, nicht im Brausen des Sturmes erwarten. Sie weiß, die Gnade Gottes meldet sich kaum spürbar in einem Lufthauch.

Angesichts der pessimistischen Lehren, die uns in den letzten Jahren richtig taumeln machten, setzt sich die Hoffnung der Verzweiflung und allen trügerischen Erwartungen entgegen. Sie weigert sich auch, noch länger auf den Durchbruch der Gnade zu warten unter dem Vorwand, erst müßte ein Humanismus gepflegt werden, der besser geeignet wäre, sich der Gnade zu öffnen.

All der gesellschaftliche Stuck mag von den Wänden bröckeln und zu Staub werden, die Hoffnung weiß, daß sie auf dem schmalen Grat des Glaubens, auf dem Fels, gelassen warten kann. Die Hoffnung weiß, daß dieser Fels, sanft wie die wahre Kraft, das Fundament und Wachstum der Kirche, der Mutter ewigen Lebens, durch alle Erschütterungen der Erde und der Kulturen trägt.

Ein ungetrübter Blick auf die derzeitige Lage der Missionen kann nur erstaunt eine Tendenz feststellen, die Freiheit in der Wahl der «Missionsländer» zu beschränken. Ob dies nun aus der Ferne durch Verträge, Regierungsbeschlüsse oder Abkommen geschieht, oder von nah durch bekannte Ereignisse oder unerhebliche Umstände – Gott scheint sich die Richtungen seiner

Wahl vorzubehalten, wobei sie übrigens oft mit einem Schritt zurück beginnen.

Es ist denkbar, daß ernstere Beschränkungen uns erwarten: Zwei oder drei Kilometer Weg, ein Arbeitswechsel, ein ungeeignetes Milieu könnten sich als ungewohnt, als allzu kompliziert erweisen angesichts besser erkannter Notlagen und ungeeignet zur Verkündigung des Evangeliums. Der Ruf Gottes wird zweifellos jeden dort, wo er ist, erreichen. Das «Folge mir!» wird ein Weggehen erfordern; denn Weggehen kann ein Suchen nach Gott bedeuten da, wo er ist, da, wo er mit allen und allem zusammentrifft. Dazu braucht es nicht mehr als den Raum für eine Bohrung; doch wie für eine Bohrung braucht es auch den Sinn für den Abgrund; den dem Menschen nötigen Mut für etwas Neues, zum erstenmal Erlebtes; die herzliche Freude, sich als einzelner bei seinem Namen dazu gerufen zu wissen, wie zur Taufe und zum Sterben.

Vielleicht war Therese von Lisieux, die Patronin aller Missionen, dazu ausersehen, zu Beginn dieses Jahrhunderts ein Schicksal zu leben, in dem die Zeit sich auf ein Minimum begrenzte, das Handeln auf das kleinste Format zurückgeführt, das Heldenhafte den Augen der Betrachter nicht erkenntlich war und die Mission sich auf ein paar Quadratmeter beschränkte. Und das, um uns zu lehren, daß gewisse Leistungen nicht mit der Uhr gemessen werden können, daß die wahrnehmbare Seite der Taten nicht alles deckt, daß zur Mission in der Weite die Mission im Gedränge kommen muß, mitten unter den dicht zusammenwohnenden Menschen, in jener Tiefe, wo der Geist des Menschen die Welt befragt und hin und her schwankt zwischen dem Geheimnis eines Gottes, der ihn klein und arm will, und dem Geheimnis der Welt, das ihn mächtig und groß will. Therese beweist für sich allein, daß eine missionarische Konsolidierung im marxistischen Bereich keine künstlichen Dämme und Wälle baut, sondern genau dort lebendige Kräfte weckt, wo man den Glauben untergraben will.

Der Glaube braucht keine Abstützungen; wenn er uns zu fehlen scheint, hat er intensiver gesucht und gelebt zu werden. Die Leugnung Gottes, die sich als wissenschaftlich begründet ausgibt, stützt sich auf Hypothesen, die zu Gewißheiten gemacht werden, und bekommt so den Anschein einer Glaubensgesinnung. Dagegen erhebt sich allerdings nur zögernder Widerspruch. Es scheint, als wollten wir uns dafür entschuldigen, Elemente in die menschlichen Debatten einzubringen, die in den Spielregeln nicht vorgesehen sind. Gott wird gleichsam von den rein menschlichen und oft kaum noch menschlichen Interessenforderungen erdrückt. Ein Ungläubiger kann daraus nicht mehr ableiten, daß Gott die Daseinsrechtfertigung ist für das, was sich als Religion oder religiös bezeichnet. Man braucht den Marxismus nicht sehr gründlich zu kennen, um die Notwendigkeit zu sehen, daß ihm eine entschlossen und authentisch religiöse Religion gegenübergestellt werden muß. Einem Atheismus mit quasi-religiösen Formen gegenüber muß das Religiöse in wahren und wesentlichen Formen vorgestellt werden, in einem Apostolat, das nichts unversucht läßt, um durch restlos mit Gott verbundene Menschen, andere Menschen, die gottlos sein und bleiben wollten, an Gott zu binden.

Wo der Marxismus in straff organisierter, konzentrierter, ungeschwächter Form auftritt, ist nicht nur eine christliche Präsenz gefordert, sondern auch ein überzeugendes Leben aus dem Glauben, ein entschlossenes religiöses Leben, und dazu noch ein apostolisches Leben. Ein apostolisches Leben, das sich hüten muß, ein apostolischer Humanismus zu werden. Das Wohl der Marxisten wäre Grund genug, sich die Offenbarung eines lebendigen Gottes zu wünschen. Und um Gottes selbst willen – um, wenn es erlaubt ist, seine Herrlichkeit noch herrlicher zu machen – wäre eine Aufsehen erregende Kundgabe nötig. Der getreue Gott läßt uns nach dem hungern, was er für uns bestimmt hat, und zwar gerade dort, wo wir ihn wohl kaum gesucht hätten: in der Gottesverachtung der Marxisten.

Die neuen Häuser in der Stadt, zum Bersten voll – es sind ihrer viele, aber noch nicht genug –; das Rathaus, das mit seinen Aktivitäten, Einrichtungen und Veränderungen immer in neuen Wandlungen erscheint; die Kindergärten, Grund- und Berufsschulen; das Arbeitsamt, die Parkanlagen und Sportstadien – alles auf der ganzen Linie schweigt von Gott und so total, daß ich mich dabei ertappe, die Passanten anzublicken, ob nicht wenigstens eine Spur von Staunen bei ihnen zu entdecken sei. Doch die vorübergehenden Leute sind nicht erstaunt. Da steht die alte Kirche hoch über den Stufen ihrer Freitreppe. Nach dem Krieg und den Bombenangriffen hat die Stadtverwaltung großzügig bei der Beseitigung der Schäden mitgeholfen. Aber der militante Marxist betritt die Kirche nicht. Hinter ihr liegt ein Friedhof, mit dem sie zusammenzuhängen scheint, wo kaum mehr beerdigt wird. Diese Kirche ist ein Symbol. Sie ist das Haus des Herrn: er ist dort anwesend, die Gläubigen wissen das, die Kommunisten wissen es nicht. Sie sind der Meinung, daß es Gott in ihrer Stadt nicht gibt, da sie bei ihrem Aufbau wie bei ihrer Leitung wie Menschen gedacht und gehandelt haben, die sicher sind, daß es Gott nicht gibt. Das hindert den Herrn nicht, in der Kirche zu sein; es hindert auch die Christen nicht, ihn dort zu finden – so leicht läßt er sich nicht verjagen. Aber die Stadt als Stadt gibt Zeugnis von Menschenleben, die sich nicht Gott verdanken. Weder auf einem Straßenschild noch in einem Goldenen Buch noch in einer Kartothek kommt Gottes Name vor.

Der Schock eines solchen Atheismus kann den Christen gleichsam reflexartig zur Anbetung drängen. Seine Liebe wird von dieser Art von Herausforderung des Marxismus überrascht, der ihm wider seinen Willen Anlaß zur Verherrlichung Gottes, zu einer Berufung für Gott gibt. Die allerschönste Antwort wäre es nun, so scheint ihm, Gott auch seinerseits bei seinem Namen zu rufen.

Wenn das falsche Zeugnis des Marxismus uns drängt, wie ein Mensch zu Gott zu rufen, dessen Sprache die anderen Menschen verstehen, wenn wir laut zu einem schreien, den es wirklich gibt, so daß jeder sich umdreht, über sich selbst weg anderswohin schaut, um zu sehen, wo und wer dieser Lebendige ist, der da von einem anderen Menschen angerufen wird, dann läßt sich leicht einsehen, daß der Marxismus dazu beigetragen hat, Gott gerade dort zu verherrlichen, wo er umsonst versucht hat, ihn zu demütigen. Der Christ, der sich durch diese unerwartete Art von Einführung nicht verwirren ließe, könnte sich dann Tag für Tag von seiner Sendung leiten lassen. Er fände in der so restlosen Umkehrung des marxistischen Widerspruchs schließlich und endgültig das Zeichen eines unüberwindlichen Optimismus für Gott.

In uns, im Geist eines Christenmenschen, lassen wir Gott in unserem natürlichen Sein wie in unserer getauften Seele oft nur wenig Raum, soweit dies von unserem Bewußtsein und Willen abhängt. Einmal abgesehen vom Geheimnis des oft fast ohne unser Wissen tief in uns verborgenen lebendigen Glaubens, wird Gott in unserem Verstand wie in unserem Herzen in der Enge, ja im Schatten gehalten. Der nicht kämpferische Atheismus zersetzt durch seine bloße Gegenwart die ihn umgebenden Zonen des Glaubens.

Die Begegnung hingegen mit dem immer geräuschvollen, immer dynamischen, häufig sehr beredten Marxismus kann für den Christen zu einer Art Herausforderung werden. Unbeabsichtigt macht ihm der Marxismus ganz unversehens und brutal die unvergleichliche Bedeutung Gottes und die der Entfaltung seiner selbst bewußt. Eine Entfaltung, die beim Marxisten zu einer Überschreitung seiner selbst wird und zur Konfrontation mit der größten aller Menschheitsfragen: Gibt es Gott? Der Marxist – und hier geschieht für ihn die Überschreitung – entscheidet sich dogmatisch für ein Nein.

Der Christ wird sich bewußt: wenn Gott Gott bleibt, wenn seine Herrlichkeit seine Herrlichkeit bleibt, so ersticken die Menschen in allem, was im Bereich ihrer Freiheit liegt, die Funken dieser Herrlichkeit, deren Wahrer und Verwalter sie sind. Die Provokation des Marxismus im Zusammentreffen mit Christen «wendet sich um» zur einfachsten und größten aller menschlichen Berufungen: zur Berufung für Gott, zur Berufung zu Gott hin, zur Berufung des glaubenden Menschen, sich selbst und alles, was existiert, an Gott zu binden. Im vorhinein ist der christliche Glaube siegreich, im vorhinein ist der Christ mehr als Sieger: er hat die Macht, seinen Gott zu verherrlichen. Er darf sich an einer Freude freuen, die das ewige Leben anzeigt. Der ihm anvertraute Auftrag ist weit mehr als eine Wiedergutmachung, er ist ein Zuwachs an Herrlichkeit.

Ohne die antireligiöse Unternehmung des Marxismus hätten manche Christen ihr Leben verschlafen und gleichgültig dahinschwinden lassen. Sie hätten die stets hinreichenden «Talente» verkümmern lassen. Selbst in den Getreuen wäre ohne diesen Schmerz, Gott im Urteil der Menschen erniedrigt zu wissen, der Wille, ihn «zu verherrlichen», nicht stark genug gewesen, sie aus ihrem Bett und aus ihren Träumen aufzuscheuchen.

3. In der Schule des kirchlichen Realismus

Notwendige Unterscheidungen

Wenn in der marxistischen Umwelt viel gebetet werden muß, um klar zu sehen und treu zu bleiben, so wird dies besonders dringlich, wenn die Anfechtung um des Evangeliums selbst willen uns heimzusuchen scheint. Die bereits erwähnten Täuschungen erweisen sich in diesem Fall als ganz besonders subtil. Mehr denn je sind Rückhalt und Hilfe der Kirche unverzichtbar.

Ich berühre hier, um der Deutlichkeit willen, ziemlich schmerzliche Erinnerungen. Damit aber das Klima dieser Schwierigkeiten für jemanden, der sie nicht kennt, wahrnehmbar wird, zitiere ich einen Satz, der sich meinem Gedächtnis tief eingeprägt hat und den ich froh bin, hier anführen zu können. Er blieb mir aus dem ersten wirklich marxistischen Gespräch, das ich mit einer mir bisher unbekannten Kommunistin hatte. Nachdem wir den Tag über zusammen Bereitschaftsdienst geleistet hatten, sagte sie zu mir: «Wenn Sie nun hier weggehen und jemand Sie an einer Straßenecke auffordern würde, zwischen Ihrer ‹Ideologie› und Ihrer Haut zu wählen, was würden Sie wählen?» – «Man soll nicht den Klugen spielen wollen, aber ich hoffe, ich würde meine Haut hergeben.» – «Sehen Sie, deshalb verstehen wir uns, denn bei mir ist es auch so.»

Von diesem Tag an waren die beiden Hauptelemente in meinen Beziehungen zu den Marxisten festgelegt: meine Glaubensgewißheit, wie auch die aus meinem früheren Atheismus entsprungene glühende Überzeugung, daß Gottes Existenz das unvergleichliche Glück ist, das man, sobald man es kennt, psychologisch kaum mehr wählen kann, so eindeutig ist sein Vorrang. Hinzu kam eine tiefe menschliche Zuneigung zu diesen Menschen, die als Atheisten ihr Leben wagten – aus meiner atheistischen Zeit erinnerte ich mich auch, was der Tod bedeutete – und so sehr an ihre «Ideologie» glaubten, daß sie dafür in den Tod gingen. Sie kamen mir von Anfang an wie Menschen vor, die sich selbst gegenüber wahrhaftig sind – «daran glaube ich gern...», sagte ich mir frei nach Pascal. Weniger durch die «Gefühle» als vielmehr durch ihren hartnäckigen Willen, zu werden, was sie sich zu werden vorgenommen hatten, haben die Kommunisten meine Freundschaft gewonnen.

Sehr bald begannen die ersten Schwierigkeiten, manche offen, andere verdeckt. Wie durch Ironie wurde die Wahrheitsliebe als erstes angegriffen. Wenn ihr Todesmut mich bestimmte, den Marxisten einen hohen Grad an Wahrhaftigkeit einzuräumen, so mußte ich feststellen, daß ich mich außerhalb dieses Bereiches mit ihnen in recht ungesicherter Lage befand.

Ich weiß noch, wie bestürzt ich war, als ich entdecken mußte, daß die Lüge als taktische Waffe eingesetzt wird. Ich erinnere mich aber auch, wie ich darüber nachdachte, was für seltsame Lügner das doch waren, die im voraus wissen lassen, daß sie lügen werden. Ein Christ darf das nicht übersehen, wenn er mit der Psychologie und Moral der Marxisten nicht vertraut ist. Praktisch geht es um eine Lüge, die nicht aufgedeckt und erörtert werden kann, wie es bei anderen der Fall ist[6]. Der Begriff der Wahrheit zieht bei seiner Entwicklung auch die Entwicklung des Begriffes der Lüge nach sich; im Falle des Marxismus wird er eingeschränkt, aber das ist nicht alles. Ohne aus dem Blick zu verlieren, daß das, was weiß ist eben weiß ist und was schwarz ist eben schwarz ist, darf man auch nicht übersehen, wie der Marxismus selber darüber urteilt, selbst wenn er die Lüge verabscheut. Er macht sich den Satz: «Der Zweck heiligt die Mittel» zu eigen und wiederholt das von ihm verfolgte Ziel.

Er weiß, daß auch in dem für ihn «feindlichen Lager» die Lüge, ohne daß daraus eine Doktrin gemacht wird, bisweilen als takti-

[6] «Es ist kein besonderer Scharfblick nötig, um zu erkennen, daß die Gedanken, Vorstellungen und Begriffe der Menschen – mit einem Wort: ihr Bewußtsein – sich ändern, sobald sich in ihren Lebensbedingungen, ihren sozialen Bindungen und in ihrer sozialen Existenz eine Veränderung vollzieht» (Kommunistisches Manifest, 1848).

sche und oft als wirtschaftliche Waffe dient. Doch entweder bedient man sich ihrer individuell und in diesem Fall sozusagen ohne «Vorwarnung», oder dann in einem gegenseitigen, aber stillschweigenden Einverständnis. Nur Tatsachen könnten beurteilt werden, aber sie entziehen sich dem Blick. Für den Marxisten hat weder Lüge noch Wahrheit ein Eigengewicht, Gewicht hat nur, was sie bewirken: Erfolg oder Mißerfolg.

Wahrheit ist im Sprachgebrauch der Marxisten kein vertrautes Wort, so wenig wie der Begriff der Wahrheit ihrer Mentalität vertraut ist. Sie äußern sich übrigens bei der Vorstellung ihres Systems dazu so offen, daß der Gesprächspartner sich kaum davon überrascht zeigt. Doch bereits in den ersten Gesprächen spürt der Christ sehr deutlich, was ihn von den Kommunisten trennt. Je inniger er die Wahrheit liebt und das auch in seiner Haltung durchscheinen läßt, um so stärker fühlt er, wie sehr dies dem «anderen» nicht etwa überraschend, sondern «altmodisch» vorkommt. Vor dem Wirklichkeitssinn, dessen sich der Marxist rühmt, wird die geistige Optik des Christen abgewertet; die entsprechende Skala reicht von «verkalkt» bis «vorsintflutlich». Sein Respekt vor dem «Ja, ja» oder «Nein, nein», der ihm sonst als ungenügend vorgehalten wird, erscheint dem beweglichen und wandlungsfähigen marxistischen Realismus als ein allzu starrer Dogmatismus, um eine Auswirkung haben zu können. Der Christ wird im Bereich seiner armseligen intellektuellen Eitelkeit angefochten – sie wird weit öfter in Frage gestellt, als man glaubt – und für die unerläßliche Besinnung fehlt es ihm immer an Zeit.

Er kommt dann auf die Idee, die marxistischen Kampftaktiken auch gegen den Marxismus anzuwenden. Selbst wenn er diese, für ihn schon rein von ihrem Stil her nicht eben schmeichelhafte Versuchung überwindet, legen ihm Gespräche mit Freunden doch nahe, die Wahrheit zwar zu achten und dennoch, ohne zu lügen, aus jedem Holz Pfeile zu machen. Prinzipien nicht durch Menschen hindurch anzugreifen, ist eine schwierige Sache; die Schwächen mancher Christen nicht mit den Fehlern der Kommunisten zu rechtfertigen, kann bisweilen belastend werden. Es ist aber eine elementare Pflicht Christus gegenüber, ihn nicht zum Politiker zu machen, und sich in seinem Namen dieser Art von Verteidigung zu widersetzen.

Eigentlich denke ich, daß Versuchungen dieser Art fast ein gutes Zeichen sind, das Zeichen, daß es nicht um die großen, die echten Versuchungen geht. Wenn diese sich melden, ist man geneigt zu schweigen. In der Nähe der Marxisten ist das Schweigen meines Erachtens die häufigste Versuchung gegen die Wahrheit. Totales Schweigen kann zuweilen Mut beweisen. Die Versuchung des Schweigens aber ist immer oder meistens ein halbes Schweigen: eine halbe Meinung, eine halbe Stellungnahme, ein halbes Eintreten für die anderen, eine halbe Wiedergabe der christlichen Wahrheiten, eine halbe Verweigerung. Das Schweigen hat meist eine doppelte Bedeutung: verschweigen, was es nicht sagt, unsere Taten sprechen lassen. Für den Marxisten, das sollte man nicht vergessen, heißt Handeln auch Reden. Wer zu Taten schweigt, die von Worten begleitet werden könnten, überläßt sie der Zweideutigkeit: ohne unseren mündlichen Kommentar reden die Taten, sie sagen, was sie für gewöhnlich bedeuten oder was andere sie sagen machen.

Das Schweigen ist oft eine doppelte Unterschlagung der Wahrheit. Das bezeugende Wort hat tatsächlich eher den Charakter des umsonst Gegebenen, als eine Tat ihn haben kann. In Worten Zeugnis geben, heißt meist, sich auf etwas beziehen, im Auftrag etwas weitersagen, behaupten, daß. Es geht also nicht um den Zeugen selbst, dieser steht im Dienst eines anderen. Und zweifellos ist dieses Zeugnis, wenn man seiner Rolle gerecht werden will, oft peinlich und schwer, von allen möglichen Ausflüchten eingeleitet: Angst; ein leerer Kopf, der nicht mehr weiß, was sagen; das fast sichere Gefühl, mehr zu verderben als zu nützen...

Den Kontakt mit Marxisten mit einem Gespräch über die Wahrheit zu beginnen, wäre ein schlechter Start. Andererseits glaube ich nicht, daß man mit einem gut ausgebildeten Marxisten in einen ernsthaften Gedankenaustausch treten kann, ohne die Wahrheitsfrage zu stellen und öfter im Laufe der Begegnungen darauf zurückzukommen. Denn die Wahrheitsfrage scheint in verschiedener Hinsicht all die Bereiche des menschlichen Wesens und Lebens anzurühren, die der Marxismus für sinnlos erklärt hat.

Wie immer einer sein Tun bezeichnen mag, wenn er bereit ist, zu sterben, damit andere des hohen Gutes, das er erhalten hat, teilhaftig werden, ist er offenbar ein von großer Liebe erfüllter Mensch. So kamen mir die Kommunisten vor, und ich sagte mir: das sind Menschen, die von einer großen Liebe zur Gerechtigkeit erfüllt sind.

Bei jeder Gelegenheit, sie besser kennenzulernen – und es schien mir, daß ich sie bei der Arbeit mit ihnen besser kennenlernte –, erlitt ich wie in einem Rückstoß neue Einsicht in die Leiden des Arbeiterstandes, den ich zu entdecken begann. Damit keine Verwirrung entstehe, erinnere ich an das betreffende Jahr: es war um 1935. Die «Erhellung», die ich damals durch sie gewann, brachte mir anscheinend keine besonderen Erkenntnisse, vielmehr die Anregung, aus dem, was ich wußte, praktische Konsequenzen zu ziehen, und die Anweisung, wie man auf empörende soziale Mißstände zu reagieren hat. Die Partei schien mir ganz auf tätiges Handeln eingestellt. Die Versammlungen, an denen ich teilnahm, waren zwar nicht Veranstaltungen der Partei, doch fast ausschließlich von Parteimitgliedern besucht. Die Atmosphäre war die einer Familie im Kampf; die Feldzüge, die dort organisiert wurden, waren, wie in der Partei üblich, eine Abfolge kraftvoll und sorgfältig durchgeführter Aktionen. All dies brachte mich langsam dem Kommunismus näher. Ich erlebte keine Gewissenskrise; einmal weil ich mich zu keiner Entscheidung gedrängt fühlte, diese vielmehr in mir heranreifen lassen wollte, sodann weil sich diese Entwicklung nur auf der Ebene der Aktion vollzog, aber wie in der Partei üblich den tiefsten Grund meines Lebens nicht zu berühren schien.

Ziemlich bald aber zeigten sich für mich Schwierigkeiten auf dieser praktischen Ebene; sie ergaben sich vom Evangelium her. Monatelang war das Evangelium für mich zugleich Schutz und Anlaß meiner Anfechtung. Ohne das Evangelium hätte mich das Leid rings um mich herum nicht so stark betroffen; es wäre mir nicht so darauf angekommen, nach den Ursachen dieser Übelstände und nach wirksamen Heilmitteln zu suchen. Im Kommunismus aber traf das Evangelium sehr bald auf Gewalt: man mußte anhalten und sich erklären. Durch meine marxistischen Freunde wurde ich immer wieder, zur Zeit und Unzeit, mit der Gewalt konfrontiert, die nicht die Liebe hervorbringt, sondern der Haß, ohne den es keinen Kampf gibt, an dem sich nicht auch die menschlichen Instinkte beteiligen. Ich weiß nicht, wie oft ich das Evangelium noch und noch einmal gelesen habe von Anfang bis zum Ende, um diese Gewalt in den bestehenden, durch die geltende Gesetzgebung geschützten und den von ihr bekämpften Gewalten gerechtfertigt zu finden. Aber von Anfang bis zum Ende war davon im Evangelium nichts zu lesen. Man hätte unredlich sein müssen, um nicht zuzugeben, daß das Evangelium die Liebe eines jeden und aller Menschen mit Nachdruck verlangt. Die einzig erlaubte Gewalt ging nicht über das Wort hinaus, es sei denn gegen sich selbst, wo Gewalt unerläßlich ist.

Dieser Widerspruch zu Christus war für mich wie ein Tritt auf die Bremse; er schien mir eine Mitgliedschaft in der Partei auszuschließen. Ich war aber noch nicht am Ende meiner Qualen.

Zu dieser Zeit besaß der Atheismus der Partei eine gewisse äußere Feierlichkeit. Ein Beispiel unter hunderten: An der alljährlichen Kirmes zugunsten der Ferienkolonien hatte die Organisation der «Gottlosen» einen Stand mit einem Spruchband, auf dem ihr Name groß zu lesen war. Als im Gespräch die Rede auf Religion kam, konnte ich feststellen, wie einmütig man sich zum Atheismus bekannte. Um mir darüber voll dokumentierte Klarheit zu verschaffen, kaufte ich mir eine Broschüre: *Lenin und die Religion,* aus dem Verlag der Partei, zwei Texte von Lenin selber. In seiner lakonischen Kürze war dieses schmale Heft für mich ein Keulenschlag, ein zweifacher Schlag. Zweierlei ging daraus hervor: der Atheismus war erstens nicht nur ein konstitutiver Bestandteil des Marxismus, er bildete eines der wesentlichen Elemente seines Ziels; er wurde zweitens als ein vorrangiges Ziel durch die Erziehungsarbeit der Partei unter den Mitgliedern verbreitet, und das Hauptmittel in dieser Erziehung war die Aktion selbst. Es war damit gleichsam ein klinisches Attest der Asphyxie des Glaubens ausgestellt worden, und ich konnte an mir selbst, wenigstens an den eigenen ersten Ergebnissen spüren, daß diese Methode durchaus wirksam war. In diesem Moment erschrak ich zutiefst aus Angst um Gott, mein kostbarstes Gut, und noch um etwas anderes, Unbekanntes, vielleicht könnte man es als Ehrensache der Liebe bezeichnen. Die dreißig Seiten der Broschüre hatten zwischen dem Marxismus und mir einen unreparierbaren Bruch bewirkt. Das hat sich seitdem nicht verändert.

Ein Wort deutet sehr klar einen Aspekt der brüderlichen Liebe, nämlich das Wort «Nähe». Mir scheint, es könnte bedeuten: seinen Nächsten als Nächsten behandeln; ihn zum Nächsten machen und ihm nahe sein. Auch diese praktische Liebe zum Nächsten brachte mir eine Auseinandersetzung mit dem Evangelium, eine weit längere als alle übrigen. Meine Sympathie für die Kommunisten ist keine zerebrale; das kleine Wort «die» deckt Namen und Vornamen, Gesichter, Stimmen, Erinnerungen.

Ich erinnere mich, wie sehr ich vor einigen Jahren von der Reaktion eines Christen beeindruckt war, der die besten Jahre seines Lebens für eine der großen Menschheitsfamilien eingesetzt hatte. Bei der Lektüre eines Aufsatzes stieß er auf eine Stelle, wo der betreffende Autor bestimmte charakteristische Eigenschaften für eine andere Völkergruppe in Anspruch nahm, was ihn in so spontane und entrüstete Proteste ausbrechen ließ, als hätte er einen physischen Schock erlitten. Ich habe damals gedacht, daß eine solche Reaktion bei einem Intellektuellen, der er war, auf eine ungeheure Liebe schließen ließ.

Bei aller Rücksicht auf Proportionen und Unterschiede kann ich es nicht bedauern, daß in meinem Herzen für die Kommunisten, die ich kenne – und durch sie auch für die mir unbekannten – eine Liebe erwacht und gewachsen ist, der es weder an Leib noch Seele noch an Gott fehlt. Darum weiß ich eigentlich nicht, wie ich diese Menschen bezeichnen soll, wenn ich von ihnen rede. «Freunde» ist viel zu beschränkt, zu ausschließlich individuell; «Brüder» – das wissen sie sehr wohl – bezieht sich auf eine ganz bestimmte Wirklichkeit, die mich mit den Christen verbindet; und ich weiß meinerseits wohl, daß unter Kommunisten «Genossen» eine andere Wirklichkeit meint, nämlich die Gemeinschaft der Partei oder die Gemeinschaft der Arbeit; «Nachbarn» drückt nicht aus, was eine jede Stadt an organisch Gewachsenem aufzuweisen hat; «Gefährten» kann ab und zu verwendet, hat aber jedesmal näher bestimmt zu werden. Für manche bedeutet das fast ein Vierteljahrhundert Mitbürgerschaft: die öffentlichen Katastrophen und die frohen Feste, lokale Ängste und lokaler Stolz, ein Miteinander und Gegeneinander, geteiltes Leid, gemeinsam empfundene und durchlittene Sorgen – all das bestimmt in einem Vierteljahrhundert das Zusammenleben. Dazu kommen noch die Freundschaften jeder Altersstufe und alles, was die Freundschaft ausmacht. Für all das bildet die Nähe das wahre Klima, das für mich alle erwähnten Werte umgreift.

Die Nähe aber ist zerbrechlich; sie unterliegt verschiedenen und wenig bekannten Gesetzen, manche machen sie noch zerbrechlicher, andere resistenter. Die Wahrheit bringt sie unablässig in Gefahr. Denn wenn Leute von so gegensätzlicher Geistesart unter Verhältnissen zusammenwohnen, die teils normal und alltäglich sein mögen, teils aber – was heute sehr häufig vorkommt – belastend, ja dramatisch sind, dann wird es unmöglich, offen über Aufgaben zu reden, ob man sie annehmen oder ablehnen, eine Verpflichtung eingehen oder sich daraus zurückziehen soll, ohne dabei an Fragen zu rühren, die jedesmal bei einem Widerspruch oder einer Meinungsverschiedenheit einen Bruch herbeiführen können. Nie aber wird man einen solchen Bruch frohen Herzens ins Auge fassen können. Man ist daher versucht, die Auseinandersetzung zu unterdrücken, statt sie ans Licht zu bringen. Dieselbe Furcht kann uns auch veranlassen, lieber aufzugeben, was man selber ist, um nicht von anderen aufgegeben zu werden. Und doch sind solche Entscheidungen auf Klarsicht und Liebe gegründet, eine Klarsicht, die wahrnimmt, was ein schrittweiser Selbstmord sein kann, aber auch was jede Frage für die Kommunisten in der Rangordnung ihrer Werte darstellt.

Heutzutage übt sich die Klarsicht an festgelegten Regeln. Die Texte des Heiligen Offiziums von 1949 haben eine Reihe von Punkten geklärt, die für uns Fragen der Disziplin sind. Persönlich glaube ich allerdings, daß wenn es Leute gibt, die diesen Texten nicht Engherzigkeit vorwerfen, so sind es die leitenden Kommunisten.

Die Erinnerungen, die ich hier anspreche, betreffen alle eine schon weit zurückliegende Zeit; ich hoffe aber, daß die Gesichtspunkte, die mir damals und noch lange am meisten geholfen haben, aufrichtig und wahrhaftig inmitten schwieriger Entscheidungen zu leben, auch anderen helfen können, in diesen Texten den Geist zu spüren, der sie inspiriert hat, um so ihren Gehorsam zu nähren.

Bald nach der Lektüre der Broschüre Lenins, ist mir durch Begegnungen, Lektüren und Beobachtungen der innerste Knotenpunkt jeder christlichen Unterscheidung in marxistischen Belangen handgreiflich klar geworden. Wenn der Atheismus integrierender Bestandteil des marxistischen Systems und seines Zieles ist, so bilden Marxismus und Marxisten durch die Angehörigkeit eines jeden Marxisten zur Kommunistischen Partei eine strenge Einheit. Der Marxismus ist wesentlich ein Aktions-System. Jede Trennung von Lehre und Aktion geht ihm wider den Strich. Die Partei ist Ablauf und Entfaltung der Aktion in Etappen von Jahren, von Monaten, von Tag zu Tag. Durch sein Parteibuch wird das Mitglied an die Parteidisziplin gebunden. Die Parteidisziplin knüpft jedes Mitglied, ohne Lehre und Aktion zu trennen, mit dem marxistischen System zusammen durch Anweisungen, die auszuführen sind, und durch eine Erziehung, die sich weitgehend in der Teilnahme an der Aktion abspielt. Diese sehr einfachen Voraussetzungen führen zu ebenfalls sehr einfachen Tatsachen, die aber gerade in ihrer Einfachheit großes Gewicht gewinnen.

Soweit ein Marxist die Parteidisziplin bedingungslos annimmt, kann ein Christ nach guter Logik diesen Marxisten faktisch – denn der Marxismus ist ein Faktum – nicht vom Marxismus trennen, der sich in der Partei ausdrückt.

Ob die Marxisten sich dessen bewußt sind oder nicht – wenn die Partei, der Leib des Marxismus, durch ein Mitglied oder mehrere Mitglieder handelt, dann handelt sie unmittelbar durch diese Mitglieder, zugleich aber auch mit der Kraft aller anderen, selbst wenn sie es nicht wissen.

Die intellektuellen Irrtümer, in die man unter dem Einfluß der marxistischen Doktrin geraten kann, lassen sich schwer abschätzen; denn das setzt voraus, daß man sie gut kennt, und auch das gut kennt, was sie von außen in sich aufgesogen hat.

Andererseits, da der Marxismus ein Aktionssystem ist, wird man durch Gehorsam, Unterwerfung oder Willfährigkeit den Weisungen und Anregungen der Partei gegenüber mit Sicherheit zum Mitarbeiter des Marxismus und seiner Unternehmungen, auch ohne Parteibuch.

Das will nicht heißen, daß man sich für den Vorgang, der als marxistische Infiltration bezeichnet wird, nicht zu interessieren brauche. Aber es kommt selten vor, daß ein Gedanke bloß ein Gedanke und zugleich wirklich marxistisch ist. Die intellektuelle Einwirkung des Marxismus erfolgt meist durch öffentliche Meinungsbildung in Veranstaltungen, die mit viel Aktion – Petitionen, Listen, Flugblättern usf. – verbunden sind, damit die Ideen am Leben bleiben. Das soll wiederum nicht heißen, daß jede Ideenkampagne der Kommunistischen Partei an sich marxistisch ist. Die Partei kann sich an einer solchen beteiligen, um eine größere Masse zu erreichen, vor der sie dann später die genauer gefaßte Idee einer Zielvorstellung lancieren wird, eben die ihre.

Vor diesem grellen Licht verblaßt das Evangelium nicht. Es hat die Elemente seiner Logik anzubieten:

«Doch das zweite (Gebot) ist diesem [ersten] gleich.» Es kann kein echtes Dilemma geben zwischen dem Wohl – auch dem apostolischen Wohl – der Menschen und einem aggressiven Akt gegen Gott.

«Nicht für die Gerechten bin ich gekommen, sondern für die Sünder.» Wenn sich die Marxisten, wie immer ihr persönliches Leben aussehen mag, an einer weltweiten Leugnung Gottes beteiligen, haben sie aus diesem Grunde Anrecht auf Barmherzigkeit – doch eben auf Barmherzigkeit und nicht auf eine Art ursprüngliche Unschuld, die ich ihnen zu einer bestimmten Zeit beinahe zugestanden hätte.

«Tut Gutes denen, die euch verfolgen!» Eine Liebe, die sich fürchtet, das Böse bei den von ihr Geliebten zu erkennen, ist eine kranke Liebe. Der Christ liebt niemals christlich trotz des Bösen, sondern wegen des Bösen; um das Werk der Erlösung fortzusetzen, liebt er noch intensiver. Nichts von dem, was die Menschen allgemein und die Christen im besonderen durch den Marxismus zu erleiden haben, dürfen wir ignorieren, wenn wir realistisch lieben wollen.

«Geht und predigt das Evangelium allen Geschöpfen ... bis an die Grenzen der Erde.» Menschen, die Marxisten sind und Gott als Schöpfer ablehnen, bezeugen ihn durch die Tatsache ihrer Existenz. Diesen «Geschöpfen» wie allen übrigen schulden wir das Evangelium Jesu Christi.

III.
Ein Leben im Widerspruch

Die letzten Seiten dieses Heftes gleichen eher einem Anfang als einem Ende.

Bis hierher habe ich alles aufnotiert, was mir im Kontakt mit Marxisten apostolische Bedeutung zu haben scheint. Ziele und Mittel, Menschen und Bewegungen sind nur aus der Perspektive der religiösen Hungersnot unter den Marxisten durchgesehen worden. In dieser Perspektive erscheinen einige Elemente wesentlich, aber eigentlich nur weil sie für jede Mission wesentlich sind.

Hingegen können manche der erwähnten Verhaltensweisen, Initiativen und Haltungen für den Christen angesichts der Schwierigkeiten in der marxistischen Umwelt unvermeidlich werden. Doch nicht alle diese Schwierigkeiten des Christen ergeben sich aus dem Wesen des Marxismus. Der ihm wesensgemäße Atheismus z.B. exisitert in allen differenzierten Atheismen der Menschen. Wenn der marxistische Atheismus zwar das konstante Element unserer Wirklichkeit bleibt, er wird uns erst in der lokalen Form des Atheismus ein restlos Wirkliches und fordert unser antwortendes Handeln. Doch selbst wenn diese Reaktionen dem Wesen unseres Apostolats entfließen, sie begründen es nicht ganz.

Beim Verfolgen eines apostolischen Ziels, das vom eigentlichen Faktum des Marxismus bestimmt wird, bleibt nun noch auf die Wesensmerkmale eines nicht nur allgemeinen, sondern besonderen und notwendigen Wirklichen hinzuweisen. Besondere Eigenschaften dieses Wirklichen zeigen sich erst in embryonalen Ansätzen. Doch scheinen sie das künftige Apostolat notwendig zu bedingen; mit diesen Nachforschungen befassen wir uns.

Im Begriff das, was zur notwendigen Lebensgrundlage eines Apostolats unter Kommunisten gehören könnte, auszusondern und zusammenzufügen und noch bevor wir auf die dafür erforderlichen Wesensmerkmale hinweisen, ist es sicher hilfreich, nochmals auf Ivry zurückzukommen, diesmal aber, um dort aus apostolischer Sicht wiederzufinden, was die Lebensgrundlage der Marxisten und das Wesen des Marxismus ausmacht.

Der Geist eines Materialismus hat den politischen Marxismus geformt und führt ihn. Dieser Geist ist nicht nur ein Atheismus, er ist seinem Wesen nach atheistisch. Jedes Element der inneren Ordnung dieses Organismus, jeder seiner Verbindungspunkte, jede Stelle, an der nach einem doktrinären System analysiert oder entschieden wird – all das wird von Anfang an vom selben Atheismus durchdrungen, von dem auch der Geist des Marxismus durchdrungen ist. Den Marxisten gegenüber könnte es zu einer falschen und billigen Vorstellung der Erlösung kommen, wenn man glauben wollte, es genüge, in nicht-kommunistischen Ländern den marxistischen Werten ihre Gegenwerte mit einem gehörigen Aufwand an Propaganda entgegenzustellen.

Doch die Erlösung steht nie den Menschen «gegenüber», sie findet sich «mitten» unter ihnen, und für den Christen, der «als Geretteter rettet», findet sich die Erlösung in ihm selbst für andere, wie sie sich in den Brüdern findet für ihn. Durch in uns selber geborene Taten tragen wir dazu bei, den Teil an ewigem Leben zu gewinnen oder zu verlieren, zu dem wir für kurze Zeit aufgerufen sind. Jede Glaubensverkündigung, jede Mission, jedes Apostolat richtet sich auf das Innere des Menschen, denn nur in seinem Innern kann jegliche Art von Buße, Aufnahmebereitschaft und Umkehr entstehen. Das, womit der Geist des Marxismus als atheistischer Geist jeden Menschen durchsetzt, hat sein Gegenteil, seine Gegensätze. Es sind Wahrheiten, die zum Wesen unseres Glaubens gehören. Auch die Folgen der Einwirkung des atheistischen Marxismus im Leben der Menschen haben ihre Gegensätze, nämlich die Auswirkungen dieser Glaubenswahrheiten in unserem Leben. Diese Gegensätze sind ausnahmslos im Geist und in der Tat Bezeugungen des lebendigen Gottes. Der Geist des Marxismus widersetzt sich gleichsam der Achse des göttlichen

Willens mit dem Menschen. Die apostolische Arbeit unter Marxisten kann nur glaubwürdig sein, wenn sie dem schlichten und tiefen Willen entspringt, sich dem marxistischen Geist in der Absicht entgegenzusetzen, die die seine im Wesentlichen durchkreuzt, und wenn sie, von der Liebe Gottes zu jedem und zu allen Menschen ausgehend, im Namen jedes und aller Menschen immer wieder zu Gott zurückkehrt. Mit diesem Apostolat entscheidet sich der Christ für Gott, und als Beweis für seinen Entschluß liebt er alle Menschen, ohne auszuwählen, und liebt jeden einzelnen, als hätte er ihn sich ausgewählt. Ohne Unterlaß hat dieses Apostolat immer neu von Gott auszugehen und immer zahlreicheren Menschen zu begegnen; es muß von immer zahlreicheren und sich selbst gewordenen Menschen zu Gott zurückkehren. Es ist ein Apostolat, das nur in den lebendigen Kern des christlichen Lebens eingeborgen werden kann: in die Liebe zu Gott und zu den Menschen, das also vom ersten Schritt an «im Geist und in der Wahrheit» voranzugehen hat.

Die Kennzeichen einer missionarischen Lebensgrundlage müssen wir uns logischerweise verschaffen, indem wir noch einmal auf die Struktur und die Beziehungen des Marxismus blicken und auf das Grundschema des Marxismus, wie es sich den Marxisten darstellt, zurückkommen. Dazu möchten die folgenden Überlegungen helfen.

1. Ein religiöses Apostolat

Ein Apostolat, das überall und allen Gott verkündet

Wenn der Marxismus ein pseudo-religiöses Lehr- und Aktionssystem ist, so ist er auf religiöse Weise atheistisch. Diese beiden Ausdrücke vertragen sich nur im Bereich des Absurden. Der Marxismus nimmt die Absurdität in Kauf, um diesen eklatanten Widerspruch für sich zu nutzen. Auf diese Weise kann er den religiösen Sinn des Menschen blenden, daraus einen totalen «Widersinn» machen und die freien Energien ohne jede Verfremdung für Zwecke gewinnen, die ohne diese Energien nicht durchführbar sind. So fühlt sich der Mensch nicht frustriert; sogar seine religiösen Anlagen werden in Anspruch genommen, er erbringt seine volle Leistung. Der auf religiöse Weise atheistische Marxismus ist keine falsche Überschrift einer philosophischen Abhandlung, sondern wesentlicher – nicht der einzig wesentliche – Bestandteil einer Überzeugung, die bei Kommunisten, die weder Masse noch Ausnahme sind, anzutreffen, zu berühren, zu betasten ist.

Der Kommunist, der die volle Reife erreicht hat, *begegnet* Gott, um ihn zu *leugnen,* dort nämlich, wo wir ihn begegnen, um ihn *anzubeten,* jenseits des Experimentellen und Überprüfbaren, kurz jenseits der wissenschaftlichen Erkenntnis. Sein völliges Unangefochtensein von jedem Zweifel läßt ihn jenseits der Grenze rein menschlicher Sicherheiten dorthin vorstoßen, wo sich Mögliches und Wahrscheinliches unablässig messen. Wenn jedoch der Marxismus den historischen Materialismus so in die Definition einer Zukunft «deportiert», die nur außerhalb der reinen Vernunft behauptet und bestimmt werden kann, bewegt er sich auf der Linie eines nicht nur religiösen, sondern auch eines in Offenbarung begründeten Glaubens.

Das Absolute der marxistischen Verneinung, die radikale Verkehrung des in Dienst genommenen «religiösen Menschen», das ist das Faktum, das an sich nicht religiös ist, doch weltweit eine Frage stellt, eine religiöse Frage.

Ein Mensch, der Gott öffentlich verherrlicht

Die Bekanntschaft mit dem Marxismus ist für uns zum Anlaß geworden, unseren Glauben auch praktisch mit glühendem Eifer zu leben, diesen Glauben wieder als das zu nehmen, was er ist: die unerhörte Möglichkeit, die Existenz Gottes zu erkennen und Gott zu lieben, wie er uns liebt. Wir haben die Gelegenheit erhalten, neu zu erfahren und laut zu bekennen, daß Gott Begleiter, Ursprung und Ziel unseres Lebens ist. Wir geben zu, unbedeutend zu sein und eine Aufgabe zu haben, die uns übersteigt und erdrückt: nämlich Gott für uns und für alle verherrlichen zu dürfen.

So wirft uns der Rückstoß unserer Begegnung mit dem Marxismus, der heutigen und der späteren, auf unseren Glauben zurück und überwindet zugleich die dabei oft an uns herantretende Versuchung.

Diese Versuchung besteht für gewöhnlich in der Kritik am Christentum, «so wie es gelebt wird». Die Gnade, die uns durch die Begegnung mit dem Marxismus zuteil wird, stellt die Versäumnisse unseres christlichen Lebens, für das ein jeder verantwortlich ist, ins Licht. Wir sind bereit, die ungetreuen Verwalter, die wir sind, dafür büßen zu lassen und wollen unsere Treue erneuern.

Ein Mensch, der seinen Glauben bekennt

Wir sind zum Glauben und zum Bekenntnis des Glaubens berufen wie andere zum Beruf des Bäckers oder Arztes. Wir sind nicht da, um den Glauben zu geben – er ist eine Gabe Gottes –, sondern ihn in uns zu entfalten, den Inhalt seiner Botschaft offenbar zu machen und gangbare Wege für ihn zu bereiten.

Im Dienste seiner Vermehrung, seiner Zugänge, seines Sprudelns zu stehen, das ist unsere Arbeit. Wir müssen von ihm reden, von dem, was er wirklich ist: ein Leben mit seinen eigenen Gesetzen und seiner eigenen Wirklichkeit. Wir haben die Dinge des Glaubens nicht mit der Logik des Verstandes zu erklären; doch sollen wir mit unserem Verstand sagen können, wie man leben, handeln und denken muß, um in der Logik des Glaubens zu bleiben. Der Glaube, der uns die Kraft gibt, Gott so zu erkennen, zu lieben, daß er dadurch verherrlicht wird, erlaubt auch, daß zwischen ihm und uns nicht die geringste Distanz besteht; der Glaube bindet uns an Gott, als lebendiger in unserem Leben offenbart er uns alles, was lebendiges Band ist zwischen Gott und uns.

Die straffe Bindung, durch die der Marxismus jedes Parteimitglied an sich fesselt, erinnert uns, wie wir uns dieser innigen Besitzergreifung Gottes gegenüber verhalten sollten. Die Dynamik politischer Bindungen unterstreicht die fast tödliche Gewöhnung, die wir Fähigkeiten entgegensetzen, die geeignet wären, durch uns das Werk Gottes zu vollbringen. Wenn diese armseligen Einsichten ungestört und ohne Selbstreflexion unsere Trägheit durchtränken – als erfaßten wir die Sabotage an einem ungeheuren Unternehmen –, dann begreifen wir wie zum erstenmal unsere religiöse Bestimmung und leben aus der Fülle unseres Glaubens. Unser Leben quillt aus allem, was es an Gott bindet, von der strahlenden Nähe des Glaubens bis zu den staunenden Entdeckungen einer friedlich und bescheiden gewordenen Vernunft. Wir entdecken die religiösen Eignungen unserer geschöpflichen Natur und zugleich ihre Ungeordnetheit, die erlittene Abnutzung, die dem Menschen, der nach der Hypothese eines möglichen Gottes fragt, den Horizont verstellt.

Wer sein Leben nach dem Glauben ausrichtet, bereichert nicht nur seinen Geist. Glauben heißt anders werden, nicht ein anderer, aber anders. Heißt annehmen, uns dem berufenen, für diese Berufung erwählten, ausgesonderten Menschen fühlbar anzugleichen, den der Glaube unwahrnehmbar aus uns gemacht hat: einen Menschen, der dazu erwählt ist, mit Gott verbunden zu sein und durch Gott mit allen Menschen; ein Mensch, der dazu bestimmt ist, ausgesondert zu werden. Das heißt, unsere religiöse Bestimmung annehmen.

Hier um der Liebe Gottes willen – weil er Gott ist, und um der Liebe zu den Menschen willen, weil sie «die Gottlosen» sind –, bereit sein, ein glaubender Mensch sein, heißt das Gegengewicht zur eigentlichen Misere des Marxismus auf sich nehmen, sich der allerdringlichsten apostolischen Stellvertretung, der notwendigsten und vielleicht unbeliebtesten apostolischen Aufgabe zur Verfügung stellen.

Ein Mensch, von dem Gott Besitz ergriffen hat

Ein typisch religiöses Leben ist das Leben eines Menschen, der durch seine Handlungen bezeugt, daß er Gott vor allen lebenswichtigen irdischen Gütern den Vorzug gibt. Freiwillig ganz oder teilweise auf gewisse irdische Güter zu verzichten, begründet das Opfer. Je gottverbundener ein Mensch ist, um so weniger wird er Opfer an Opfer reihen, sondern wird selbst ein Geopferter und, wenn Gott noch intensiver eingreift, ein Opfer. Was sich an christlichen Taten zunächst wie negativ darstellt, das sucht und wählt sich dieser Mensch aus religiösem Antrieb, so wie auf einem Film das am längsten Angeschaute am deutlichsten erkennbar wird: nämlich die Anbetung, die sichtbar oder unsichtbar immer dieselbe bleibt und den Menschen in Beschlag nimmt, um ihn Gott zur Verfügung zu stellen, den Gehorsam, denn Gottes Gedanken über uns bleiben uns verschlossen; nur eines weiß man: es wäre verrückt, sich einzubilden, die Gedanken Gottes zu verstehen, die nicht Gedanken der Menschen sind, selbst wenn sie das Schicksal des Menschen bestimmen.

Die Armut – gewiß das Geld, doch nicht nur das Geld, dessen Bedeutung man gerne hochspielt, ob es nun darum geht, es zu verlieren oder zu gewinnen –, aber es geht auch um das Entblößtwerden von der Macht, einer Macht, von der man sich trennen kann; Macht, die wir besitzen, aber auch Macht, die wir «besessen» haben, an der wir festhielten und die auch uns festhielt: ein Beruf, eine Fähigkeit, ein Gesicht, ein Nervensystem; dann die Macht, die wir selber waren: unsere Gewißheiten; der uns angeborene, empfangene, erworbene «Wert», was uns alles nun unerbittlich und plötzlich entzogen wird. Die Demut, jene, die man nur erahnen, erwarten und empfangen kann; sobald man von ihr spricht, spricht man von etwas anderem; sie allein aber läßt dem Wort «Gott» seinen voll ausschwingenden Klang. Das sinnlose Leid, alles, was sich nicht erklären läßt, was dem Unglück gleicht; denn es gibt kein volles Opfer ohne Leid, und für Menschen gibt es kein echtes Leid, solang es verständlich ist, weshalb und woran man leidet. Durch das eine oder andere wird der Christ gleichsam zu einem lebendigen Opfer. Der Geist, der in ihm wohnt, tut weiterhin bis ins Einzelste und mit Schärfe sein Werk und bringt es zur Vollendung.

2. Ein Apostolat, das alle und alles für Gott loskaufen will

Die Erlösung des Menschen durch den Menschen, die Treue an ein Proletariat, das Führer und Baumeister der künftigen Menschheit sein soll, braucht Priester und Propheten; die Partei übernimmt diese Aufgaben. Nach langen, vielleicht blutigen Abenden verheißt sie einen singenden Morgen. Sie glaubt, daß es Fälle gibt, da man es verstehen muß, für ein Volk zu sterben, ja gerne zu sterben, oft damit das Volk dies erfahre, manchmal auch, daß es ihm für immer verborgen bleibe.

Was im unmittelbaren Umgang und in Gesprächen mit Kommunisten Verwirrung stiftet, ist darauf zurückzuführen, daß wir recht oft dieselben Wörter verwenden, diese Wörter aber nicht denselben Sinn haben. Daher kommt es, daß man, ohne es zu wissen, von derselben Sache reden kann oder, ohne auch dies zu wissen, von ganz verschiedenen Dingen.

Wie wir schon mehrfach erwähnt haben, die Verfehlungen gegen die Gerechtigkeit, unzählige Ungerechtigkeiten bildeten meist die Wurzel missionarischer Unstimmigkeiten. Und diese wurden noch verdoppelt durch das außergewöhnliche Klima, mit dem der Marxismus alles umgibt, was für ihn Gerechtigkeit oder Ungerechtigkeit bedeutet.

Mit diesen Ausdrücken verband sich zudem eine noch ergreifendere Wirklichkeit als die der Gerechtigkeit: die marxistische Auffassung des Leidens, die «Praxis» des Opfers, der Mut zum Wagnis und zur Hinnahme des Todes. Die Kommunisten verstehen sehr wohl, uns die offiziellen Märtyrer zu ersparen, denn auch sie wissen, was ein Märtyrer ist. Wenn das Wort «Märtyrer» so auch eine profane Definition erhalten hat, die Marxisten unter sich bezeichnen mit diesem Wort einen wirklichen Märtyrer; sie schätzen ihn um seiner Wirksamkeit willen, nutzen seine vorbildliche Kraft.

Hingegen sprechen die Kommunisten selten vom Leiden. Ausgenommen das Leid, um dessentwillen man kämpft, erscheint es unter seinem Namen nur, um Gefühle und Emotionen zu polarisieren. Das Leid eines Menschen, der für andere oder für sich selber kämpft, wird zum Inhalt des Wortes «Gerechtigkeit». Die Fruchtbarkeit des Leidens, des gewaltsamen Todes vor allem, hat eine solche Gewißheit, daß jedes übermäßige Leiden, wenn es sich auf einer anderen Ebene zeigt, Verwirrung stiftet. Man versucht gleichsam instinktiv, etwa den Tod geliebter Menschen, große Rückschläge, Enttäuschungen bei den Ursachen des Arbeiterkampfes unterzubringen.

Kommunistisches Blut, das die Geschichte der Kommunistischen Partei markiert, ist eine tragische Erläuterung zunächst der ursprünglichen Verstümmelung und Gebrechlichkeit, dann aber auch des Schicksals einer systematisch von Gott weggeführten Menschheit. Die Kommunistische Partei vergießt ihr Blut entweder im Namen ihrer in der Arbeiterklasse gefundenen «Heimat» oder für die eigene Sicherheit und Macht. Im letzteren Fall sind die von der Partei sich auferlegten Blutopfer durch dieselben Motive gerechtfertigt, die auch das blutige Eingreifen zur Bestrafung anderer rechtfertigt und motiviert. Gemeinhin nennt man das Tötung, Verbrechen, kollektiver Mord. In ihrer eigenen Perspektive begründet die Partei solche Fakten mit Motiven, die nach ihrem Urteil das alles rechtfertigen. Einige dieser Motive sind weiter oben untersucht worden. Wenn diese unentwirrbare

Verflechtung von Haß und Liebe, diese neue und unauflösliche Tatsache – zur Materie gewordene Idee – nicht in Betracht gezogen wird, weigert man sich, die Verantwortlichkeiten der Partei mit einem Höchstmaß an Realismus zu beurteilen, nämlich als Verantwortlichkeiten von Männern, die in ihrer Stellung als Leiter der Partei persönlich für solche Handlungen verantwortlich bleiben. Diese selben Motive helfen auch, die Mentalität der Marxisten in allen Stellungen oder Funktionen der Partei und – nochmals – ihre persönlichen Verantwortlichkeiten zu beurteilen. Bei dieser Beurteilung ist man allzu leicht naiv.

Andererseits sollte nun gegenüber diesen nunmehr objektiv beurteilten Fakten Stellung bezogen werden. Unter Bezeichnungen wie Wachsamkeit, Säuberungen, Verschwörungen, Prozesse können sie sich heimlich ereignen oder im Gegenteil sich gegen eine oft fast weltweite Meinung stellen. So konnte und kann man erleben, wie auf lokaler, regionaler und nationaler Ebene Abrechnungen stattfinden oder Sicherheitsmaßnahmen ergriffen werden, die mit offiziellen oder geheimen Todesfällen, mit Gefangennahmen und spurlosem Verschwinden erledigt werden.

Es gibt andere Fälle, da die Kommunistische Partei auch kommunistisches Blut vergießt. Da *geben* die Menschen ihr Blut. Vielleicht wird man sagen, daß unter diesen einige sind, die betrogen, zwangsweise zu Märtyrern gemacht werden. Das sollte nicht zu laut gesagt werden, damit nicht weitere Listen anderer unfreiwilliger Märtyrer erforderlich werden, die sehr oft unbegründet oder aus kleinen oder großen nicht mit dem Kommunismus zusammenhängenden Gründen zu opfern nicht gezögert haben. Doch auf das hin ist die Doktrin nicht verfaßt worden!

Wir jedoch achten und ehren in diesen Menschen, die ihr Blut vergießen, eine der Spuren der Bestimmung des Menschen, gerettet zu werden und zu retten. Selbst in ihrer verkehrten kollektiven Absicht, selbst in ihrer Gebrechlichkeit, denn die ganze Menschheit ist gebrechlich, erkennen wir eine Spur der Gottähnlichkeit in der Großherzigkeit von Männern und Frauen, die das, was sie ein Gut nennen, sich selber vorziehen, und ihr Leben bedingungslos hingeben, damit dieses Gut auch denen zuteil werde, die sie lieben. Diese Menschen, ich bin sicher, es gibt sie.

Sie sind es zweifellos, die uns anstatt der Verwirrung die Scham erwirken, uns feige zu fühlen und zu wissen. Scham auch darüber, daß wir uns haben ablenken lassen und am Kreuz Jesu Christi, an diesem stets erreichbaren, stets zur Arbeit bereiten Kreuz unbetroffen vorbeigegangen sind, uns auf die eingebildete Erwartung «unseres» Schmerzes und «unserer» Prüfungen eingelassen haben. Allmählich haben wir den Boden unter den Füßen verloren, werden bald zum Helden, bald zum pflichtgetreuen Menschen, sind keine in Jesus Christus losgekauften Menschen mehr.

Doch einmal mehr werden wir durch das Faktum des Marxismus von Gott herausgefordert, wieder auf die Grundlinie unseres christlichen Lebens einzubiegen.

Der gläubige Christ muß wissen, daß all das, was durch ihn mit Gott verbunden werden muß, alles, was von Gott her mit den Menschen verbunden werden muß, also von ihm her mit anderen und von den anderen her mit ihm, alle gemeinsam aber mit Gott, nur möglich wird, wenn das Leiden in einem jeden etwas lockert, das ihn fähig macht, sich auf anderes hin zu öffnen und nicht nur auf sich selbst. Alles dient dazu: immer der Schweiß, oft auch Tränen, zuweilen Blut.

Wenn ein Christ in seiner Umwelt einziger Christ ist, fällt es ihm schwer, neuen Mut zu fassen. Er wird seinem Herrn nur wenig gleichen, es sei denn, er zähle zu den Reinen. Und diese Ähnlichkeit zu fördern, wird ihn viel Anstrengung kosten, deren Preis ihm keine Illusionen läßt. Und wenn er einsam ist, so ist er doch kein «Einsamer». Wenn er mit jedem seiner Brüder mit Banden verbunden ist, die er selber so eng wie möglich haben möchte, dann weil er einer von ihnen sein wollte, ein von allen Beauftragter, ein Glaubender vor Gott für alle.

Eben haben wir gesehen, was der Marxismus als System dem gläubigen Christen um Gottes willen abfordert. Jetzt sind es seine Kameraden, die in seinem Leben ins Positive übersetzt werden sollen.

Der marxistische Mensch, einmal von seinem Atheismus abgesehen, lebt vor Gott eine Humanität, von der er sich ein neues Modell geformt hat. Wenige Lehren haben eine solche Umkehrung der natürlichen Ordnung anzubieten. Bereits angedeutete falsche Übereinstimmungen könnten uns an eine zumindest teilweise Übereinstimmung des Marxismus mit dem Evangelium glauben machen. Doch wenn es Übereinstimmung des Aspekts oder der Verhaltensweisen innerhalb der Absicht, doch nicht jenseits dieser Absicht gibt, so besteht doch zwischen den beiden Absichten nicht nur ein Unterschied, sondern ein Gegensatz, oft in den Einzelheiten, *immer* aber im *Zweck*. Wieviel andere Stellen des Evangeliums sind im Marxismus völlig verkehrt worden, und zwar von den Weisungen für das praktische Leben bis hin zu den ewigen Perspektiven.

Vor nicht allzu langer Zeit verwunderte ich mich noch, in welche Anfechtung gewisse Imperative des Evangeliums uns versetzen mußten, bevor wir im eigentlichen Sinn apostolisch wurden. Es geht hier nicht darum, auszuweichen oder zu verändern, sondern zurückzuweisen oder das Gegenteil vorzustellen. Die genauen Weisungen Christi zur Nächstenliebe würden an sich schon eine Liste solcher Zurückweisungen und Entgegensetzungen liefern: die Sanftmut, das «Ja» und «Nein», die Motive der Armut. Andererseits bieten viele Anweisungen Christi, die man spontan als Boden der Zwietracht bezeichnen möchte, einen gemeinsamen Ausgangspunkt oder eine äußere Übereinstimmung, etwa gewisse Hinweise zur Demut, zum Verzeihen von Beleidigungen usw.

Beiläufig möchten wir bemerken, daß eine im Umgang mit Marxisten sich zeigende große Gefahre darin liegt, das Evangelium zwar treu, jedoch in spezialisierender Weise zu lesen, nämlich auf besondere Richtlinien hin, die man in ihren tiefen Divergenzen nicht erforscht hat, oder im Hinblick auf einzelne Kapitel, die, vom übrigen Evangelium isoliert, einen völlig falschen Sinn ergeben können.

Ein Christ ist nicht beauftragt – ja nicht einmal ermächtigt –, irgend jemanden zu verurteilen. Verhielte es sich nicht so, wäre es um ihn schlecht bestellt. Auf welches «Gesetz» man sich auch immer beruft, der Marxist befindet sich in mißlicher Lage. Von dem ins Menschenherz eingeschriebenen Naturgesetz bleibt er nicht unberührt. Vor dem Evangelium verschärft der Marxismus die Divergenzen, weil er im Bereich des Evangeliums nur Gesichtspunkte gelten läßt, denen er sich entgegenstellt, die übrigen aber an der Basis praktizieren läßt, ohne sie gelten zu lassen.

Doch außerhalb der «Gesetze», ja mehr noch ohne die Wissenschaft, sie deuten zu können, wie rätselhaft bleiben für viele militante Marxisten Gut und Böse, Verantwortung und Verblendung, guter Wille und unkontrollierbare Einflüsse, Opfer und Gewalt. Wieviele sterben für Worte, die sie nie richtig verstanden haben. Für wie viele haben wir zu leben? Und wie zu leben, um ein Verbindender zu sein? Und was bleibt zu erdulden, um sie in Sicherheit zu bergen? Die Zahl der Hindernisse, die einen Marxisten von Gott trennen, würde genügen, mehr als einem Leben Sinn zu geben. Er aber, der mehr als wir zu lieben vermag, schenkt uns, womit wir «die Zeit auskaufen» können. Wäre die Zeit weniger knapp, so könnte man sich Kreuze nach Maß suchen und finden, nach dem Maß der Benützer und der Nutznießer. Aber die Zeit ist knapp. Wenn man etwas Wertvolles schenken möchte und das Geschenk «nach Maß» nicht finden kann, so versucht man – ohne auf Wert und Maß zu achten – etwas anderes zu finden, etwas Seltenes, das aus anderen Gründen geschätzt wird: ein Andenken, ein Dokument aus fernen Ländern, die Schriftzüge eines Dichters, etwas, woran man hängt. So stehen auch wir vor Gott, ohne Kreuz «nach Maß».

Es gibt Kreuze «umsonst», «unerschwingliche» Kreuze, Kreuze «ohne Preis»: das ist die wahrhaft freudige Hinnahme von allem, was sich «Alltagssorgen» und schließlich «Leiden» nennt, nämlich Entgegennahme jedes erhaltenen Dings, wer immer es uns reicht, als käme es aus der Hand Gottes, nein, weil es aus der Hand Gottes selbst kommt. Man soll sich keine weiteren [Kreuze] verschaffen, damit Gott für alles, was wir brauchen und was er uns gibt, voll verantwortlich bleibt. Man soll sich auch keine einzige Gabe von Gott erbitten, keine einzige ablehnen; so erhalten wir, was wir brauchen, alles, was wir brauchen und was sich für die Marxisten so gut wie für uns eignet, und woraus wir noch schöpfen können, was der Herr braucht, damit ein Kommunist ihn erkenne.

Wenn sich das christliche Leben neuen Umständen anzupassen hat, dann wird das Sich-selbst-Absterben – und davon dispensiert

Christus nie – sich auch in den unerheblichen und geheimnislosen Dingen ausdrücken müssen. Keiner wird uns für Engel halten oder einen Helden in uns erwarten. Was uns jedoch aufhorchen läßt, sind die Worte: «Wenn das Weizenkorn nicht stirbt» – einerlei wo und an was. Der Glaube bereitet die Bedingungen unseres «Sterbens» vor. Wie er die Bedingungen für sein Leben aufs beste einrichtet, so übernimmt der Glaube die Bedingungen unseres «Sterbens» und des besten Weges, dahin zu gelangen. Wir werden leidend und in Unkenntnis «sterben» müssen, in der Hoffnung nicht auf irgendwelche Güter, sondern auf solche, die Menschen nötig haben werden, die von Gott zum Glauben gerufen werden. Wenn Leiden uns droht oder wenn wir ihm ausgeliefert sind, muß dieser Begriff des Leidens zu einer ganz konkreten apostolischen Kraft werden. Er soll uns so vertraut sein, wie das, was unsere Hände berühren, was unsere Augen sehen. Es soll zugleich in die allerreinste Mitte des Geheimnisses eingepflanzt werden und ein unermüdliches Zufluchtnehmen sein zu dem darin verborgenen göttlichen Willen.

Wichtig ist, daß die unter uns, von denen Gott das «zu vollenden» verlangt, «was an der Erlösung Christi noch aussteht», zu dieser Vollendung ein Opfer beitragen, das menschliche Werte aufweist, die von «Ungläubigen» anerkannt werden, wie auch die Sorge für die Wirksamkeit übernimmt, die Gott bestimmt und verhüllt.

Wir können also bei einer derartigen Begegnung nicht erwarten, daß es ohne Leiden abgeht. Erdulden, tragen, uns jedes treulosen, unser Leben schädigenden Schrittes bewußt werden, das heißt, all die gegebenen Möglichkeiten erwägen – auch jene, die als ungenutzte verwesen und so ein Elend hinterlassen, das weder Brot noch Gold zu heilen vermögen: eine zerfahrene, aufgeregte Schwächlichkeit –, die für den Plan Gottes nicht taugen, von dem sie nur mehr eine Art Zerrbild sind.

Danach, erst danach ist die Ankunft, sind die Schritte des Herrn zu erwarten, der, von einer so totalen Bedürftigkeit gerufen, kommt. Doch das erbarmende Mitleiden Gottes ist schwerer zu tragen als die Fehler der Menschen.

Leiden wird es geben, Leiden, das man nicht vorausgesehen hat. Wäre der Marxismus bloß ein Materialismus, dann würde das Teilhaben an den Leiden der Armen als unser Beitrag zur Erlösung vielleicht genügen. Der Marxismus aber ist ein Geist; man soll sich also nicht wundern, wenn in einem apostolischen Leben der Geist wohl mehr zu leiden haben wird als der Leib. Der Marxismus ist die Gegen-Bekehrung. Auch er will den Menschen «umkehren», doch nicht auf dessen Ziel hin, sondern für seinen Weg, seine irdische Zeit. Die Doppeldeutigkeiten, an denen es in seinen Aktionen nicht mangelt, können sich auf ein einziges Schicksal im Übermaß häufen bis zum Moment, da es sich vollzieht.

Man hatte gedacht, die Hoffnung würde etwas von dem aufdecken, was der Glaube verbirgt. Doch wie der Glaube ist sie das Gut eines Blinden: man findet sie nur im Dunkeln, umfaßt sie mit beiden Armen. Die marxistische Erwartung wird sie nicht ersetzen können.

Wäre der Marxismus nur ein Geist, dann würde vielleicht das Teilhaben an den drückenden Leiden der Armen als unser Beitrag zur Erlösung genügen. Marxismus aber ist der Geist eines Materialismus. Es liegt in der Logik der christlichen Sühne, sich nicht nur mit der Arbeitslast und mit der Plage einer jeden Woche abzufinden. Die «Verlockungen» der Materie sind uns aufgegeben. Bisher wußten wir nicht, daß es sie gibt.

Dieser Kampf – und was für einer – wird das Gegenteil von Herrlichkeit sein. Begraben in den Menschenmassen – und eine jede wird ihn der Versuchung aussetzen – ist der christliche Mensch paradoxerweise doch einsam. Durch die Wüsteneien der Massen wandert er seinem Gott entgegen. Er mag von den Massen der Materie oder der Energien so wenig wissen wie ich. Doch im Namen der Alltagswirklichkeiten, die ihm seine Umwelt vertraut machen, läßt ihn eine Angst, die Unwissenheit ist, in diese Massen eintauchen, so wie er einst als Junge nach Einbruch der Nacht über den Hof lief, um dieser selben Angst Herr zu werden.

Die allerprimitivsten Werte werden sich an sein Herz klammern, ja der Tod selber wird nur mehr von natürlichen Phänomenen und nichts anderem reden. Sogar in seinem Leib ist er nicht mehr bei sich. Was die Chemie nicht an dem einen Ende angefressen hat, was «die letzte Waffe» nicht vom anderen Ende her gefährdet, das fordert sein Erbgut ein, um ihn zu identifizieren, ihn mit einem optimistischen oder pessimistischen Visum zu versehen.

Entrinnt er dieser zusammengeketteten Gemeinschaft, so fällt er in andere Menschenmassen, noch ausgedehntere als die ersten: in die Gemeinschaften der Rassen, der Klassen. Manche sagen, sie hätten ihn hervorgebracht, andere, sie hielten ihn gefangen. Er sucht sich eine Familie in der Gemeinschaft dieser Zeit; doch überall scheinen die Bremsen versagt zu haben; die Leben stehen dichtgedrängt, gleichsam unter Druck. Alle diese Gemeinschaften haben das Recht der Bürgerschaft. Man spricht von ihnen wie von lebendigen, existierenden und handelnden Personen. Menschen füllen auf, was sie offen lassen. Gott hat dort nie einen Platz. Der Christ ist dort allein.

Wenn Gott nicht mehr da ist, wo soll man den Beweis finden, daß er anderswo weilt? Wo gibt es Hinweise, die vor der Vernunft bestehen können? Der Gläubige schreit zum lebendigen Gott, der uns gesagt hat, was er uns sagen wollte; er schreit zu diesem Christus, der uns nicht erlaubt, an Gott zu sterben, wie man auf der Straße an einem Blitzschlag stirbt.

Ein freier Mensch

Und dieser Christ ist fröhlich. Wenn er voller Angst war, so ist er es jetzt nicht mehr. Wenn er geglaubt hat und noch glaubt, daß man mit den Weinenden nicht lachen und mit den Lachenden nicht weinen soll, so weiß er auch, daß das Lächeln und die Tränen eines Bruders von einem unzerstörbaren Frieden begleitet werden müssen. Nicht mehr als gestern, ja vielleicht weniger noch, bleibt er unberührt, wenn anonyme oder mit Unterschrift versehene Umstände am Gelingen von etwas arbeiten, was ihm nicht gelungen ist: ein kindlicher Verstand für Gott, ein armes Herz, demütige Fäuste, ein Mensch, der auf der Straße Anbetung hält, ein Bruder, der, allein zuhause, kniend seine Brüder hütet.

Diese – im passiven Sinn – gelassene Verwirklichung seiner selbst liefert ihm nicht einmal den Beweis für einen Zuwachs an Kraft. Es kann vorkommen, daß er weint wie ein Kind ... um kindlicher Kümmernisse willen. Übrigens scheinen ihm wenige seiner Sorgen wichtiger zu sein als die kleinen Kümmernisse kleiner Kinder. Darum wird er um so mehr darüber lachen müssen, je mehr er darüber weint.

Die «Großen» – worin ihre Größe auch bestehen mag – haben ein Leben, das sie nicht allein tragen können; sie brauchen Hilfskräfte, sind also nicht mehr frei. Kleinen Leuten fehlen viele Freiheiten, aber sie können freie Menschen sein. Ihre Abhängigkeiten liegen nicht in ihnen. Aber nicht jeder Beliebige hat Zugang zu den kleinen Leuten. Es gibt immer irgendeinen Ort, wo die Größe sich tarnt; die sicherste Tarnung ist vielleicht das Leid, «unser Leid», die großen Leiden, die so oft einen unbewußten Christen zu einem Gefolgsmann Christi verwandeln, die vielleicht ebenso oft auch Steine des Anstoßes für christlich reifere Menschen sind. Sie finden darin gewiß eine Möglichkeit zur Größe. Das erklärt die von Gott getroffenen Verfügungen.

Hat man Gelegenheit, Menschen nahezukommen, deren tiefe Berufung mit derjenigen verwandt ist, der wir hier nachgehen, so wird man sie selten mit Märtyrern in Ländern der Verfolgung verwechseln, sie ebenso selten in einer Reihe von Modellen heiliger oder heiligmäßiger Menschen unterbringen. Sie haben offenbar selber darauf verzichtet, von «meinem Leiden» zu reden, weil «ihre» Leiden allzu unerheblich und undramatisch sind. Wenn diese Leiden mitunter unerträglich werden, so durch ihre gleichsam unwahrnehmbare Häufung. Auf diese Weise sind diese Christen unterwegs zur Freude und begrüßen ihre vielen kleinen Ereignisse mit der Herzlichkeit freier Menschen.

Gott allein weiß, wie sich das gesuchte Gleichgewicht herstellen läßt zwischen den Menschen, die sich nicht bemerkbar machen, und dem Menschen, für den die Marxisten kämpfen, töten und sterben – dem Menschen von morgen, von dem man nicht weiß, wann er frei sein wird, den man aber heute schon zu einem grandiosen Wesen gemacht hat.

Ein kleiner Mensch
Hier nun wird alles, was seine Bruderliebe ihn zu leben gedrängt hatte, die getreuen apostolischen Dienste am Evangelium des Herrn, eins nach dem anderen und von einem Ende zum anderen entzweigerissen, zerspalten und von beiden entgegengesetzten Richtungen her zurückgestoßen. Einer jeden dieser Tugenden: Gerechtigkeit, Armut, Herzlichkeit, Gastfreundschaft, Mitleid, Sanftmut, ja sogar Demut wird das Opfer den Namen geben, den es «an diesem äußersten Ende der Erde» trägt, um Gott das Recht zu erwerben, dort als Gott erkannt zu werden. Dieser Name ist «Einsamkeit» und ihre immer gleiche Gebärde spitzt und schält ab wie ein Federmesser, wirft es zur Linken und zur Rechten.

Diese Lebensgrundlage, die Gott offenbar in dieser fast absoluten Schlichtheit gewollt hat, wird ohne Heldentaten gelebt werden können, nicht aber ohne eine brennende *Vorliebe,* eine immer forderndere, jugendlichere, ehrgeizigere und, warum es nicht sagen, eine in ihre Liebe, die Gott ist, verliebtere Liebe. Nicht auf die äußeren Bedingungen dieses Lebens kommt es an; die tatsächliche Wirklichkeitsform – im Büro, an der Drehbank, im Laden oder Krankenhaus, am Schalter in der Verwaltung – ist belanglos. Es wird das Leben eines kleinen Mannes sein, der nur ein seiner Statur angemessenes Schicksal, ja vielleicht nicht einmal das zu erwarten hat, ein Schicksal gleichsam zu so reduzierten Bedingungen, daß das Leben, würden diese Bedingungen nicht ständig noch weiter reduziert, täglich dahinginge, als sei es nicht voll eingesetzt worden.

So wenig dieses Leben seinen Umfang wählen kann, so wenig bleibt dem kleinen Mann die Wahl des Platzes, der ihm gehört. Er wird aufgefordert, da «auszuhalten», wo das gewiß wesentlichste der Apostolate seinen Ort hat, zusammengefügt im Paradox der es bildenden beiden Imperative: im Doppelknoten der christlichen Liebe.

Eine Eingliederung also in die ganze Menschenfamilie durch Brüder, die einmal als Nächste seine Brüder sein werden, die er vielleicht noch gar nicht kennt; eine Trennung auch von allem, was ein Ende hat, was noch vor Gott sich ein Ende setzt, eine Trennung, die uns jedesmal nicht von Dingen, vielmehr von lebenden Wesen zu trennen scheint. Diese beiden Imperative bilden in einem Menschen zwei unversöhnliche Gegensätze. Ihnen gehorchen kann nur darin bestehen, sich einer Trennung der beiden Gebote des Herrn zu widersetzen, sie alle beide und in ihrem vollen Umfang zu halten.

An diesem idealen Punkt – hier trifft dieses Wort, da es den Ort nur für einen Augenblick gibt: jedesmal dann, wenn der Wille sich kundtut – erweist sich der Gott eingeräumte Vorrang, der ebenso oft wie Stahl erprobt wird.

Wenn sämtliche Wüsten als *die* Wüste bezeichnet werden, so tragen einige doch als Untertitel einen zweiten Namen, der auf ein Ereignis, einen Anruf, eine Botschaft, eine Versuchung im Leben der Propheten, der Heiligen, Jesu Christi, ... und kleiner Leute hinweist. Sämtliche Einsamkeiten nennen sich: die Einsamkeit; doch seine [Christi] Einsamkeit trägt als Untertitel: *Trennung*. Bei jedem Ruf Gottes wird etwas in uns und gegen uns selbst abgetrennt, glatt abgerissen in der Fadenrichtung wie ein Stoff. Eine stets doppelte Liebe wird sich von Gott, dem Erstgeliebten, zu «jedem unter all den anderen» von Gott Geliebten ausspannen. Immerfort ausgespannt zwischen einem echten Gut und einem wirklichen Übel, von dem Geist bewohnt, der ihn immer mehr zum Bruder werden läßt, zugleich aber einsamer macht, widersteht der kleine Mann dem Schwindelgefühl und wird zum *Vertreter* aller, die für Gott keine Stimme haben. Arm im Namen der Armen, kann er sich von einem Augenblick zum anderen nicht mehr der kaum merklichen Kraft entsinnen, welcher er sich bedienen wird. Kraftlos betet er an, ohne Gehabe, doch fromm und verbindlich; seine Hände auf die Schultern seines Herrn gestützt, seine Füße inmitten der Menge, für die er glaubt, hofft und liebt, gibt er der Ehre Gottes den ihr einzig angemessenen Raum zwischen dem ersten und dem zweiten Gebot zurück, dem gegenüber er nur ein wahrhaft Gehorsamer sein kann: die Statur eines Menschen, der seinerseits wie im Namen aller Menschen auf Erden Gott – öffentlich – den Vorzug gibt.

3. Ausserhalb der Stadt

Die Einsamkeit

Auf dem gleichen lebendigen Felsen des Glaubens, wo, öffentlich oder geheim, die vom Marxismus gewollten Martertode gelebt werden, muß auch die ausharrende Geduld eines Christen wachsen, der in unseren Ländern in marxistischen Zonen lebt.

Über unseren Glauben ruft die Kirche uns alle zu unsichtbaren Versammlungen zusammen, denn unsere Treue hat bei der enormen Verschiedenheit der Zeugnisse vom einen und selben Ursprung auszugehen.

Die Glaubenstreue verlangt dort Heldentum, hier verlangt sie Mut. Doch ohne das Licht und die Stärke des Glaubens würde den einen der Mut, den anderen das Heldentum fehlen, denn es ist derselbe Verrat, der immer wieder und uns allen vorgestellt wird: die Treue zum Menschen und die Treue zu Gott auf dieselbe Ebene zu stellen.

Die Einsamkeit ist eine Prüfung, sie kann den Menschen aus der Fassung bringen; sie ist aber auch ein Geschenk, ein Zahlungsmittel zum Kauf oder Loskauf. Wer die Einsamkeit wie ein Übel behandelt oder sie wie ein Fallstrick flieht, für den wird sie zur nicht bestandenen Prüfung; die Angst vor ihr schleicht sich in alle Versuchungen eines Christen ein. Die Einsamkeit scheint dabei nicht in Frage gestellt zu werden; doch den Treulosigkeiten ist fast immer die ablehnende Haltung ihr gegenüber vorausgegangen. Alle brüderliche Sorge wird sich auf den bald tückischen, bald überraschenden Einbruch der Einsamkeit gefaßt machen müssen und hat sie als das zu erwarten, was sie in Wahrheit ist. Es ist unmöglich, sich in den Schwierigkeiten eines apostolischen Lebens unter dem Proletariat Klarheit zu verschaffen, ohne daß dabei die entscheidende Rolle der Einsamkeit und ihr ungewöhnliches Gewicht sich zeigen würde. Es gilt, die Ursachen ihres bestimmenden Einflusses neu zu entdecken und ihren tatsächlichen Wert zu ermessen.

Der Hauptgrund ist zweifellos der: Wenn die Ablehnung der Einsamkeit soviel Versagen nach sich zieht, so weil sie praktisch in alles miteinbezogen ist, was im christlichen Leben Opfer heißt. Ist die Einsamkeit angenommen, so wird auch alles, was Opfer bedeutet, bereitwillig angenommen. Die Einsamkeit aber kommt in den heutigen Kollektiven nicht vor, sie wird von ihren Ideologien zurückgewiesen. Sie zurückweisen aber heißt besondere Orte begünstigen, wo sich diese Ideologien entfalten können.

Andere christliche Tugenden, auch sie sind Opfer, aber genauer bestimmte: die Demut, die Armut scheinen sich, wenn die Einsamkeit sich zu ihnen gesellt, zu erneuern. Sie ist es, die eine Demütigung, eine Armut vollendet. Gott scheint von den Christen eine ganz besonders reine Form der Einsamkeit zu erwarten. Ein Demütiger, ein Armer wird sitzen gelassen, verleugnet und vergessen – er wird einsam.

Seinen Glauben in einer marxistischen Umwelt leben, heißt entdecken, daß er jegliches Maß sprengt. Man wird sich bewußt: das kleine Stück Welt, auf dem unser Leben sich abspielt, ist wie umgestürzt, es kehrt den Rücken dem zu, wozu es erschaffen worden ist. Das heißt andererseits: selbst im unscheinbarsten Gläubigen einen Menschen sehen, der einen Akt von unermeßlicher Tragweite setzt: für einen Menschen unter den Menschen wird Gott wieder Gott.

Je deutlicher die Undurchsichtigkeit des Atheismus wahrgenommen wird, um so deutlicher entdeckt man auch den jedes Maß sprengenden Charakter des Glaubens, versteht auch, daß ein Glaubensakt nicht immer sichtbar wird. Tief in sich selbst, zwischen der Menschenmenge und Gott, laut die Erkenntnis dessen zu verkünden, was Gott ist, heißt sich der einmütigen Gewißheit einer Lebensgemeinschaft entgegenstellen, ohne daß sie darum weiß, heißt ihr Gegenspieler werden. Das heißt auch eine Einsamkeit annehmen, die mit keiner anderen vergleichbar ist, nämlich absolut einsam und absolut solidarisch sein. Heißt sich «bekehren», sich umwenden, und schon das ist keine Kleinigkeit. Sich umwenden aber im Namen aller.

Bevor man sich aber in ihrem Namen umwendet, wie der Priester bei der Messe, muß man sich ihnen zuwenden. Doch wie der Glaube im Moment, da wir im Namen aller Gott allein bekennen, jedes Maß zu sprengen schien, so fühlt man sich plötzlich untauglich, jene zu vertreten, denen man sich zuwendet. Der bereits vorausgeahnte Widersinn bekommt Gewicht. Man weiß sich dem Los von all dem verpflichtet, was nicht angeeignet, was zurückgewiesen, verworfen wird. Die Freundschaften aber bleiben unversehrt; die Arbeit Seite an Seite mit den anderen bleibt dieselbe; zwischen den Menschen ist nichts geschehen. Und doch gibt es etwas zwischen ihnen und dem einen unter ihnen, zwischen ihren Familien, ihrer Arbeit, ihrer Zukunft und diesem einen Menschen, der glaubt. Und da er als einziger glaubt, ist die Einsamkeit bei ihm eingezogen, so wie manche sich in die Einsamkeit begeben. Sie hat in ihm Einöden gegraben, von denen er mit Sicherheit weiß, daß er sie nicht mehr loswerden wird. Sein Glaube verleiht ihm so viel Liebe, wie es braucht, um eine Menge zu sättigen; an ihm ist es nun, sie jedem einzelnen seiner Kameraden mitzuteilen. Damit Gott aber nicht der Ungeliebte, der Kaum-Geliebte bleibe, muß die Liebe aller und die eines jeden durch den glaubenden Menschen zu ihm zurückkehren. Wenn dieser Glaubende von der Menschenfamilie nur durch das «getrennt» ist, was ihn – um seiner Verbindung mit den Menschen willen – von seinem Gott trennte, so ist das kein Als-ob, es verhält sich wirklich so.

Allein zu glauben und im Namen aller anderen zu glauben, das hatte dem Christen seine Einsamkeit kundgetan. Glauben aber heißt leben, und das Leben macht offenbar, was die Vereinsamung des Christen durch andere verursacht.

Für seine Freunde, Nachbarn und Mitbürger ist der Christ kein Inexistenter; er kann geliebt und geachtet, mit schwierigen Aufgaben betraut werden, er wird aber ein Fremdling sein oder zu einem solchen werden. Die Einbürgerung, wenn er von anderswoher gekommen wäre, hätte in ihm einen weniger Fremden gefunden: einen Arbeiter, Sohn eines Arbeiters, Bürger und Mitbürger, und das bleibt er. Doch wer er auch ist und woher er auch kommt, er ist hier mehr als ein Fremder, nämlich der *Fremdling* schlechthin. Er hat etwas in seiner Geistesart, das für andere Menschen nicht assimilierbar ist.

Das in ihm wohnende Geheimnis macht es ihm Tag für Tag möglich, der brüderlichste unter Brüdern zu sein, und er wird auch als ein solcher anerkannt, solange er es wahrhaftig ist.

Doch dieses selbe Geheimnis löst in der Masse um ihn herum – wenn sie sich zu Ereignissen äußert, auf Lebensbedingungen reagiert, sich geduldet oder aufbegehrt – einen Reflex des Abstandnehmens aus. Taucht aber ein geringfügiger oder ernster Vorwand auf, so wird im Christen, ohne ihn auch nur um einen Schritt wegzudrängen, all das *ausgesondert,* was in ihm Gott erreicht.

Dadurch und ohne es zu wissen wird der Christ vor einen der hauptsächlichsten Gegensätze zwischen christlichem Leben und Kommunismus gestellt. Denn weil Gott seine Liebe war, wird der Christ Gott auch als seine Seligkeit besitzen. *Durch* die Liebe zu seinem Gott geht er in die Gemeinschaft der Heiligen ein; durch die Liebe ist auch seine Ewigkeit darin geborgen.

Das Glück eines Marxisten, das Ergebnis eines den wissenschaftlichen Gesetzen der Welt unterworfenen Lebens, besteht darin, jeden Tag mehr einer von allen zu werden, einer, der von allen herkommt und auf alle hingeht – eben das Leben eines «Kommunisten», eines so sehr mit dem Wald verwachsenen Baumes, daß er bei seinem Tod sagen kann: «Der Baum fällt, der Wald lebt weiter.» Seine natürliche Belohnung besteht in der Fruchtbarkeit seiner Übereinstimmung mit dem Leben, im steten und wachsenden Werden der gemeinsamen Aktion, die allen das herrliche Kind bescheren wird, dessen Glück man schon im voraus erlebt: den «Menschen von morgen». Das Glück aber besteht darin, immer seltener allein und immer häufiger beisammen, immer weniger ein jeder, immer mehr alle zu sein. Strafe, Buße, Züchtigung aber ist für den Marxisten wie für die ideologischen Kollektivismen: die Einsamkeit.

Stelldichein

Den Marxisten das Evangelium Jesu Christi vermitteln wollen, weil sie Menschen sind, weil wir ihnen unsere Liebe schulden und weil die Liebe zu den Marxisten das Verlangen ist, ihre tiefe religiöse Not heilen und Gott die Ehre geben zu wollen, die der Marxismus ihm verweigert – das heißt um die Gnade der Einsamkeit bitten.

Die Einsamkeit scheint wirklich der Boden zu sein, in dem jedes Apostolat unter Marxisten Wurzeln fassen muß. Dieses Apostolat ist ein Leben im Widerspruch; die Einsamkeit ist widersprüchlich wie das Kreuz des Herrn. Sie verleiht in besonderer Weise Anteil am Kreuz des Herrn, an seinem Leiden, an ihm selbst. Das macht aus der Einsamkeit ein Leiden nach unserem Maß und eine Freude, die uns überragt, zu groß ist, als daß wir sie voll erfassen könnten. Solange die Einsamkeit uns als ein Jammertal erscheint, sind wir noch nicht so zu dem «Menschen Gottes» geworden, den unsere apostolische Aufgabe fordert.

Lieben heißt nicht, über einen anderen sich Gedanken machen, vielmehr diesen anderen in uns haben wollen. Einsamkeit bedeutet nicht, hier oder dort sein, sondern daß dieser andere fehlt. Liebe ist kein Tête-à-Tête; das wäre zugleich zu viel und zu wenig. Die Liebe will weit mehr als den Kopf und denkt nicht daran, den Kopf herzugeben. Der Haß, ja der kann sehr wohl einen Kopf fordern; gegen Entgelt kann man seinen guten Kopf verdingen. Wenn die Liebe dies oder das gibt, dann folgt alles übrige. Die Liebe sucht sich die Besucher nicht aus, sie wählt nicht unter den Geladenen. Denn die Liebe liebt alles zugleich: den Geliebten und auch das, was diesem lieb ist. Die Liebe ist allzu stolz, um sich durch die Maschine, die Küche, die Umgebung oder durch das gewittrige Wetter bedroht zu fühlen – am Samstagmittag oder am Montag früh.

Wenn die Einsamkeit uns weinen, schreien oder, gar nicht selten, wie einen Hund heulen macht, dann weil wir Gott nicht «über alles» lieben, sondern «irgendwie noch dazu», und weil «unsere Herzen, unsere Seele, unser Gemüt und unsere Kräfte» vieles an sich saugen, was nicht Gott ist, was nicht für Gott da ist. Weil die Liebe, die wir als selbstlos bezeichneten, oft nur menschliches Interesse war, Gewähr für unser menschliches Glück, somit die Ehre Gottes im Dienst unseres Glücks stand. Unter diesen Bedingungen können wir nicht behaupten, daß Gott Gott ist, und dann erwarten, daß man uns aufs Wort glaubt.

Der Mann Gottes nennt die Einsamkeit die Fülle der Gottesbegegnung. Er nennt sie Fülle an Gegenwart. In hartnäckigem Glauben sagt er zu jeder Abwesenheit ja. Er empfängt darin die dunkle Gegenwart Gottes, der ihn von Mal zu Mal ganz in Beschlag nimmt und eine so vertraute wie tätige Nähe schafft, wie das Leben mit Menschen, deren «Abwesenheit» von der Welt längst angenommen ist.

Wenn alle diese Ziele entschwinden, dann wartet der Mann Gottes vor dem Ziel, das für ihn alle übrigen Ziele versammelt: Gottes Sicht über die Welt und über ihn. Er glaubt, daß jede Sendung von dort ausgeht und dorthin zurückkehrt und daß sie vor allem in diesem sich kreuzenden Weg des Aufbruchs und der Rückkehr besteht, in seinem Herzen sich widersprechend, in seinem Willen jedoch eins. Wie er dem Wort «Komm!» gehorcht hat, so gehorcht er auch, wenn ihm der Herr sagt «Geh!» Er geht von neuem den Weg, der diesmal alles zusammenführt, was abgeschnitten worden war. In seinem Herzen schlägt es wie ein Vogel, der seine beiden Flügel für eine totale und grenzenlose Liebe öffnen möchte. Er hat sich außerhalb der Mauern der Stadt begeben, nicht für das Martyrium, sondern für jene Erprobung, ohne die es keine Märtyrer gibt. Er kann in die Stadt zurückkehren, wird dort der Mensch aller Menschen sein und von ihnen her der Mann Gottes. Diese Art «Lebensgrundlage» wird hier bloß *skizziert*.

Es scheint notwendig, daß die im marxistischen Drama engagierten Christen die religiösen Werte, die das Absolute bilden, kennen, damit sie, wenn die Umstände sie drängen, ihren Teil zu übernehmen, auch wissen, worum es geht.

Es ist übrigens durchaus möglich, daß ein christliches Leben, das der kommunistischen Welt fernsteht, in Gottes Plänen dennoch von dorther seine Daseinsberechtigung erhält. Wenn der Glaubenskampf gerade in Fühlung mit denen, für die man kämpft, samt all den für diesen Kampf typischen Versuchungen und Schwierigkeiten unvermeidbar wird, so ist es vielleicht ebenso unvermeidbar, daß auch die als kontemplativ bekannten oder durch Krankheit zur Zurückgezogenheit verurteilten Leben oder eine durch kürzliche politische Umstürze in eine anormale Einsamkeit gezwungene Existenz unter anderen Vorzeichen in denselben Kampf geworfen werden. An uns allen liegt es, durch den Marxismus hindurch, sozusagen von der Kehrseite seiner innersten Absicht her, den Ruf zu hören, dem ersten Gebot des Herrn voll und ganz Folge zu leisten.

Was die heutige Welt noch vor dem Marxismus, als Lösegeld für heute wie als Gegengift für morgen, am allernötigsten braucht, ist eine von uns allen befolgte Berufung für Gott unter den Menschen.

4. In der Stadt

Blickt man auf den Lauf der Geschichte, erscheint das leidende Proletariat gleichsam als ein auserwähltes Volk, das seine Leiden trägt und sie an sich auswirken läßt. Die Erlösung dieser geschichtlichen Sünde wird vom Leiden der Armen erwirkt. Mittel dieser Erlösung ist der Haß, der Kampf entspringt dem Leiden. Das Leiden ist sozusagen die physische Ursache von Haß und Kampf; hat es eine bestimmte Intensität erreicht, treibt es zur Empörung gegen die Menschen, die als Agenten oder Komplizen der Unterdrückung gesehen und damit identifiziert werden.

Bei soviel Gleichgültigkeit angesichts einer noch unabsehbaren Zukunft können dem Christen Zweifel an seiner eigenen Hoffnung aufsteigen. Er ist versucht, die Hoffnung auf die neue Erwartung der Armen zu übertragen. An ihrem Kampf teilzunehmen, wird ihm bald als die eigentlich wahre Treue erscheinen.

Man kann es gar nicht oft genug wiederholen: der marxistische Haß besitzt für den Marxisten ein Motiv der Liebe. Doch dieses Motiv der Liebe schließt nicht aus, daß um der kollektiven Liebe von heute oder um der universalen Liebe von morgen willen Gewalttaten, Unterdrükkung und Morde begangen werden.

«Liquidiert» man die Liebe zu Gott, so wird auch die Liebe zu den Menschen verstümmelt. Im Marxismus wird das «Zweite Gebot» amputiert: es läßt sich auf die verfluchte Minderheit, gegen die man kämpft, nicht anwenden.

Das Volk und Gott

Wenn das Alte Testament die Geschichte der Liebe Gottes zu seinem Volk ist, wenn die heilige Schrift zugleich Verheißung und Wirklichkeit ist, so gibt es zweifellos viele andere Geschichten – manche uns bekannte –, die wie ein verkürztes Echo von ihr bilden, ein etwas verkleinerter Neubeginn. Die hier angeführten Zeilen drängen uns, eine dieser Liebesgeschichten mutig in den Blick zu nehmen. Sie ist neueren Datums. Ihre Tragik hat vor einem Jahrhundert begonnen; sie ist aktuell, weil noch nicht zu Ende; sie steht uns nah, denn wenn auch viele Länder der Erde abwechselnd oder mehrere zugleich ihr als Schauplatz gedient haben, so hat doch in Frankreich alles begonnen.

Wie in der heiligen Schrift ist es die Geschichte der Liebe Gottes zu einem Volk. Dieses Volk wird nicht als auserwähltes Volk bezeichnet, ist aber so groß, daß sein eigener Name im Wort Volk besteht. Es geht um die Liebe Gottes für das Volk, um die Liebe Gottes wie auch um die Liebe des Volkes, eine gegenseitige, innige, neidlose Liebe. Lange Zeit ging es dabei um eine Treue: Heute handelt es sich um eine Einsamkeit und ein Verlassensein: Gott ist heute verlassen, und das Volk steht abseits allein.

Widerspiegelt das Volk die göttliche Absicht, wenn sich sein Herz – eines der schönsten unter den Menschenherzen – ohne zu ermatten und aufzureiben, verausgabt? Als hätten ihm das drükkende Gewicht der Mühseligkeiten, die Last der Unterordnung, das Bangen um Wohnung und Brot nichts anhaben können. Dem ist so, weil das Herz des Volkes in seiner Kindheit von Gott geformt worden ist. Hat es vielleicht von Gott einen Sinn für das unwandelbar Ungeschuldete erhalten, selbst noch in dem, was von Interessen gesteuerte Unternehmungen von ihm fordern können? Hat es vielleicht von Gott das im voraus gegebene Einverständnis dieses Herzens mit dem Schwung des Lebens, ja vor allem mit der diesem Leben eigenen Jugendlichkeit erhalten, die alles je wieder von neuem beginnt, als lehrte die Vergangenheit nicht, mißtrauisch zu sein? Und dies weil das nun erwachsene, zur Arbeiterklasse gewordene Volk am Quell wie am Ziel von allem, was es liebte, Gottes Weise zu lieben besaß. Es ist großherzig wie einer, der sich nicht um die Rohstoffe kümmern muß, sein Herz scheint ihm für alles auszureichen. Nur ungern wohnt es allein in seinem Haus, das Unglück anderer Häuser wird sogleich zum eigenen, als dehnte sich seine Familie über die ganze Erde aus.

Auf all diesen Seiten war oft von der Herrlichkeit Gottes die Rede. Wenn das Verlangen nach dieser Herrlichkeit für jeden missionarischen Einsatz wesentlich ist, so gibt es noch andere Verlangen, die, wenn sie fehlten, diesem Einsatz unwiderbringlich schaden würden. So oft wir einen oder mehrere Menschen begegnen, sollen wir in ihnen die Absicht lieben, in der sie Gott geschaffen hat: eine durch keine andere zu ersetzende Absicht, die Absicht einer völlig einzigartigen Liebe, die einem jeden zugesprochen wird, die unvergleichliche Liebe, mit der Gott selbst von jedem von ihnen geliebt werden könnte. Wären wir auch tausendfach treu, wir könnten für Gott kein anderer sein als einer, der wie wir die Fähigkeit und die Pflicht hat, die Liebe, mit der er überschüttet wird, frei anzunehmen, die Liebe gutzuheißen, mit der er für andere belehnt worden ist.

Doch heute ist an die Stelle dieser Liebe das Schweigen, die Abwesenheit getreten. Die Ignoranz des Volkes erklärt Gott öffentlich als verlassen. Daß ein von Gott geformtes Herz absichtlich anderswo schlägt als in der Hand Gottes, erscheint uns unmöglich; daß sein unzähmbar neues und großmütiges Leben sich von den Schöpferworten Gottes entfernt, die ja «Leben», ewiges Leben sind, scheint einer Art Wahnsinn zu entstammen, die jeder Logik entbehrt.

Gott hat seinen Sohn zu den Armen gesandt, um die Welt zu retten. Er hat die Kirche fast ausschließlich mit Armen, ausschließlich auf Arme gegründet für die Armen und die Reichen aller Zeiten. Wo immer seit Pfingsten die Kirche eingepflanzt wurde, ist dies bei Armen geschehen. Man könnte sagen, daß es in der Kirche keinen einzigen Christen gibt, der nicht im Glauben Sohn von Armen ist. In Frankreich aber hat Gott die Armen verloren. Er hat nicht alle Armen verloren, doch den Großteil von ihnen. Und er hat nicht nur die Armen verloren; doch wenn er andere Gruppen, Bereiche und Menschenbewegungen verloren hat, so hauptsächlich der Armen wegen. Und niemand weiß, wie sich in der Kirche Christi diese oder jene Fragen – nicht bloß die des Proletariats – stellen würden, wenn die Armen nicht zweimal fehlten und ihre Abwesenheit nicht die praktischen wie intellektuellen Mängel verschlimmern würde, die ihrerseits zu weiterer Apostasie, zu verschärftem Atheismus führen. Und vor diesen Tatsachen sagt ein jeder, was wir angesichts eines getrennten Paares zu sagen pflegen, dem zurückgebliebenen Mann wie der zurückgebliebenen Frau: «Was ist denn geschehen?»

Wir alle haben in unserer Nähe einen Mann und eine Frau gekannt, die sich wahrhaftig und ernsthaft geliebt haben. Eines Tages – was ist geschehen? Sie selber wissen es vielleicht kaum – ist das eine von beiden weggegangen, eines von beiden ist geblieben. Was geschehen ist, wußten wir seit langem, ich habe es aber tiefer zu ergründen versucht. Das Proletariat ist in Schmerzen und in der Verbannung geboren: in den Schmerzen eines vielfachen Elends – das Elend beginnt dort, wo das Leben bedroht ist – in der Verbannung; in Frankreich fühlten sich jene, die zum «Proletariat» werden sollten, schon bei geringen Entfernungen als außerhalb ihres «Landes». Löhne und Arbeitsplätze begannen sich auf eng begrenzte Regionen zu konzentrieren. In Leiden und Verbannung fand sich das Proletariat in einer fremden Enklave zusammen.

Das Proletariat ist aus dem Volk entstanden. Und wenn es dem Volk einen Teil seiner Mentalität verdankt, was es ist, das verdankt es zu einem beträchtlichen Teil den Lebensbedingungen, die sich zu dieser Zeit nicht auf die uns bekannte organisierte, zuweilen abgedämpfte Gewalt beschränkten, sondern es durch die industriellen Niederlassungen mit ihren demographischen, soziologischen und technischen Folgen vorbereitet haben. In diesem Moment vollzog sich der sogenannte Bruch zwischen Gott und dem Volk gleichzeitig, wie berichtet wird, in mehreren Ländern, tiefgreifend in Frankreich, aber auf so ungleichmäßige und unterschiedliche Weise, daß es kaum möglich ist, abgewogene Aussagen über die Verantwortlichkeiten und Ursachen zu machen. Nur einen Grund möchte ich angeben, der von den Fachleuten wohl unentdeckt bleiben wird und doch bedacht werden sollte: Der offensichtliche Mangel an Güte.

Ich wähle mit Absicht das Wort «Güte», das nicht leicht mißverstanden werden kann und nur zusammen mit Eigenschaften eines gesunden Menschenverstands und einem Sinn für praktische Verwirklichung existiert. Auf Ivry oder auf mehr oder weniger verwandte industrielle Ballungszentren zurückkommend: das Phänomen der industriell bedingten Migration scheint tatsächlich in der christlichen Ortsbevölkerung keine brüderliche Aufnahme erwirkt zu haben, die den Neuhinzugekommenen zwar nicht den Schmerz der Entwurzelung genommen, ihnen aber die Freude bereitet hätte, eine Familie vorzufinden, von der sie nichts wußten.

Der Kommunismus wird das Proletariat nicht sich selbst überlassen. Wäre ich Soziologe und sentimental, dann möchte ich dieses proletarische Sich-selbst-überlassen-Sein gern in dem Moment analysieren, wo für dieses zur Existenz gezwungene «Volk» die vielen persönlichen Entwurzelungen mit der Geburt der Arbeiterklasse zusammenfielen. Der Kommunismus wird also das Proletariat nicht sich selbst überlassen, er wird es «umgeben», wie man einen Leidgeprüften umgibt, und dies im starken und absoluten Sinn. Der vermeidbare Schmerz des Proletariats wird im Zentrum des Parteiwillens stehen, und seine Leiden werden zur Ursache einer Art heiligen Krieges. Der erhoffte Trost im Handeln und in den Fakten, eine wissende und aufmerksame Solidarität, für die alles Gewicht hat, wenn es darum geht, der Arbeit Gerechtigkeit widerfahren zu lassen, bereiteten einer Zeit der Ungewißheit und des Fatalismus ein Ende.

Ich werde mir keine Verantwortlichkeiten erfinden, die ich nicht kenne, halte mich aber heute, so wie ich bin und dort, wo ich bin, für das verantwortlich, was in Zukunft besser gemacht, für das, was an den Folgen einer unvorstellbaren Unterlassung wiedergutgemacht werden kann. Als bewußte Unterlassung wäre sie ein Verbrechen gewesen, ja *eine ungeheure Menge von Verbrechen*. Was damals dem Proletariat geraubt worden ist, das wird man ihm dort zurückgeben müssen, wo es zur Annahme bereit ist. Wo aber das Proletariat nichts mehr von der Kirche wissen will, nichts von Christus und seinem Evangelium, nichts von Gott, wo das Proletariat marxistisch, ja zum Marxismus geworden ist, dort müssen wir diese einstmals von uns verkauften Brüder in die Mitte unseres Lebens stellen. Das Leiden des Proletariats müssen wir zutiefst ernstnehmen, müssen dagegen ankämpfen genau bis zu dem Punkt, wo es, um abgeschafft zu werden, durch ein noch grenzenloseres Elend ersetzt werden müßte: die endgültige Abweisung Gottes.

Gott in der Stadt

Wenn Menschen in unserer Stadt und in anderen Städten behaupten: «Gott ist tot», wenn Christen, bewußt oder unbewußt, dafür verantwortlich sind, so bin auch ich, die ich heute lebe, dafür verantwortlich, denn die Christen aller Zeiten sind eins, und ich bin nicht die einzige lebende Christin. Die anderen und ich – was werden wir leisten?

Sollen wir diese beraubten Brüder in die Herzmitte unseres Lebens nehmen? die Not des Proletariats dahinbringen? Ja, denn von da haben sie sich wegbegeben. Hätte es diesen Bruch mit Gott nicht gegeben, wären sie dageblieben. Was hätten wir von der Liebe gelernt, wenn wir meinten, es genüge, zu leiden wie sie? Wann werden wir begriffen haben, daß Christus nicht dafür gestorben ist, daß wir jetzt resignieren? Lieben heißt nicht resignieren, weder für sich, noch für andere; lieben heißt sich darüber freuen, daß Gott sich uns schenkt. Wir fragen uns manchmal, ob mit uns alles stimmt und ob wir in rechter Weise ertragen haben, was uns zu leiden auferlegt war. Wobei ich mich allerdings frage, ob wir nicht zuviel unter Dingen gelitten haben, die uns zu leiden gar nicht aufgetragen waren, und die wir mit etwas mehr Eifer in Freude hätten verwandeln können.

Wenn wir dafür verantwortlich sind, daß Menschen Gott verloren haben, dann haben wir vielleicht daran zu leiden, vor allem aber müssen wir ihnen Gott zurückgeben. Zwar können wir ihnen den Glauben nicht geben, können aber uns selbst geben. Im Glauben haben wir Gott gefunden; wir können ihn weitergeben, wenn wir uns selbst geben – und zwar hier in unserer Stadt. Es geht also nicht darum, daß wir uns irgendwohin davonmachen, das Herz beschwert von der Not der anderen, wir müssen vielmehr bei ihnen bleiben, mit Gott zwischen ihnen und uns.

Um einst einem Manne, der mit seinem Volke im Exil lebte und seine religiöse Einsamkeit teilte, seine Gegenwart zu offenbaren, bediente sich Gott einer Handvoll Dornen. Im Volke der Patriarchen und Propheten brauchte Gott nur einen Dornbusch, um seine lebendige Gegenwart zu bezeugen, seinen Namen zu nennen, einen Menschen zu berufen; dieser Dornbusch aber war ein Feuer. Sein Leben im Dornbusch war zum Feuer geworden, das von Gott kam und bei Gott blieb.

Um Gott nahezubringen, ihn in der Gemeinschaft der Menschen gegenwärtig zu machen, braucht man nichts Besonderes aufzubieten; eine Handvoll Dornen genügt. Wir aber sollen, wie wir es vorausgeahnt haben, ohne Eigenwert, Format und Größe eine Opfergabe werden; wir müssen unser Leben in den Dienst des Glaubens, in den Dienst des göttlichen Lebens stellen.

Es geht um einen Tod und eine Auferstehung. Wir sollen all dem absterben, was aus uns geworden wäre, wenn wir nur Menschen wären, und sollen zu dem auferstehen, was wir als Christen sind. Wir müssen den Glauben annehmen als die lebendige Liebe Gottes, als das Leben dieser Liebe in unserem Fleisch, in unserem Herzen und in unserem Geist. Wir dürfen aus unserem Glauben nicht so etwas wie eine verstandesmäßige Vereinbarung machen, mit der wir einverstanden sind. Der Glaube ist vielmehr ein Bund im Leben und für das Leben, wie es die Muttergottes als erste ausgesagt hat: «Mir geschehe nach deinem Wort.»

Damit die Worte der lebendigen Liebe Gottes, die sich in unserem Dornengestrüpp verfangen, frei werden, müssen wir gehorchen. Die Verheißungen Christi für alle, «die sie hören», «die sie beachten», «die sie bewahren», «die ihnen folgen», sind deutlich und klar. Sie verheißen Gottes Gegenwart in uns, sein Handeln, seine Kraft, sein Licht in uns – unter der Bedingung, daß sie frei und gebieterisch in uns ihre eigene Ordnung errichten dürfen: den absoluten Vorrang der beiden Gebote der Liebe. Wenn so die Liebe Gottes durch unsere völlige Unterwerfung in uns frei wird, ist Gott nicht nur gegenwärtig, sondern auch offenbar; etwas von ihm wird den Menschen sichtbar, uns selbst und den anderen. Jede Situation hat irgendwo einen in ihr verborgenen Aspekt der Liebe Gottes; durch ihr Wirken im heutigen Leben, durch ihren Beitrag zu den heutigen Aufgaben der heutigen Menschen wird sie sichtbar.

So wie auch in einem kleinen Stückchen Glut noch Feuer ist, so gleicht auch jeder Akt, in dem auch nur eine Spur der Liebe Gottes sichtbar wird, einem lauten Wort in der verlesenen Botschaft. Mit jedem dieser Akte wird die im Evangelium verkündete

Liebe gefordert, im Ganzen wie im kleinsten Teil, und nichts, auch nicht die winzigste Kleinigkeit, kann unbeachtet bleiben.

Die lebendige, unermüdliche Liebe zu denen, für die «Gott tot ist», verkündet ihnen die Berufung der Kinder Gottes. Denn unsere Liebe zu ihnen kennt keine Geste, kein Wort, keinen Herzschlag, keinen Angstruf, kein respektvolles Schweigen, das sich darin nicht an Christus, den Sohn Gottes wendete. Denn Christus hat von alldem gesagt: «Das habt ihr mir getan.»

Doch Vorsicht! Mag der Mensch, für den «Gott tot ist», mag der Marxist auch Realist sein, Gott ist ein noch unvergleichlich größerer Realist. Wenn wir uns vor einem falschen Idealismus hüten wollen, der unsere Unterlassungen oder unsere Halbherzigkeiten unter Masken verbirgt – einem Gebetsleben, das eher verträumten Gedanken nachhängt; einem stillen Leben, das eher furchtsam ist; einem zurückgezogenen Leben, das eher einer Flucht gleicht; einem Leben der Resignation, die nicht uns, sondern den anderen gilt – wenn wir einem solchen Idealismus entgehen wollen, brauchen wir keinen anderen Realismus als den Realismus Gottes, in den wir immer tiefer eindringen müssen. Um wachsam zu sein und aktiv zu werden, brauchen wir nur eines: wir müssen bei der Kirche in die Schule gehen, um von ihr die ganze Botschaft der evangelischen Lehren über die Liebe zu empfangen, sie zu betrachten, auf sie zu hören und sie nach den Lebensregeln, die uns die Kirche ebenfalls gibt, in uns aufzunehmen.

Unser Realismus besteht vor allem in der Gewißheit und dem nicht minder festen Willen, durch alle diese Initiativen etwas Einzigartiges und Unersetzliches zu tun: Ernst zu machen mit der Liebe Gottes, mit der alles unermeßlich wird, nicht nach dem Maß der Dinge, sondern nach den Maßen Gottes, die sich keinem menschlichen Maß fügen. Aus dieser einzigen Energiequelle, dem ein Strom von Licht und Kraft entspringt, muß alles, was wir tun, seine Beständigkeit und seine Lebenskraft schöpfen. Alles muß bei uns zu finden sein: ein Glas Wasser; Speise für die Hungernden und alle wahren Mittel, sie ihnen zu reichen; ein Obdach für Obdachlose; Besuche in Gefängnissen und Krankenhäusern; Mitleid mit den Weinenden, indem wir mit ihnen weinen oder die

Ursachen ihrer Tränen beseitigen; Freundschaft für jeden Sünder, für die Unbeliebten, für alle, die im Dunkeln stehen – dies alles gehört zum vollen Sinn des Wortes «brüderlich». Wenn das, was wir haben, auch den anderen gehört, ist das nur ein Zeichen dafür, daß wir unser Leben für die anderen hingeben, die es in ihr eigenes Leben aufnehmen: es kann somit nicht mehr durch unsere persönlichen Interessen bestimmt werden.

Ein Christ, der auf diese Weise in der Stadt lebt, erfährt mit seinem ganzen Sein die Kraft der evangelischen Liebe – nach außen hin als Glaubensverkündigung, in ihm selbst als Erleuchtung. Handeln wird für ihn gleichbedeutend mit Erleuchten und Erleuchtetwerden. Beten heißt, sich Gott anheimgeben, schließt aber auch ein, daß man lernt, die Werke Gottes zu tun.

Ein solcher Christ wird dann nur noch danksagen, denn alles, was er tut, wird zur Bezeugung einer grenzen- und ausnahmslosen Liebe. Und Christus allein hat den Menschen aufgetragen, diese Liebe anzunehmen und weiterzugeben.

ANHANG

I. Gedanken zur Gerechtigkeit

II. Christlicher Glaube und Marxismus

III. Für Jugendliche: Christliche Fragen zum Kommunismus

I.
Gedanken zur Gerechtigkeit[7]

Diese wenigen Seiten wenden sich an meine christlichen Freunde, sie wollen uns daran erinnern, daß unsere Einheit immer durch Märtyrer besiegelt wird. Ich wende mich auch an euch, Kommunisten, da auch euch das Wort «Märtyrer» nicht fremd ist, ihr wißt um seine Wirkung und Frucht. Alles Gemeinsame der Christen wird von der Kirche verwaltet: Sie verwaltet das Testament Jesu Christi, des Gekreuzigten, unseres Gottes. Ja, die Kirche «trägt» äußerlich ihr Alter. Doch ihre eigentliche Herrlichkeit ist ewig. Zweitausend Jahre alt zu sein, bedeutet für die Kirche nichts Besonderes; für uns gewöhnliche Sterbliche aber sind zweitausend Jahre keine Kleinigkeit. Und dabei macht sie sich dies noch wie eine Mutter zunutze, um uns zu erziehen.

Die Kirche singt wie ein junges Volk singt und führt uns wie eine junge Mutter. Sie verlangt Treue bis in den Tod wie ein junger Aktivist sein Leben prüft und das, was er liebt, in die Waagschale wirft. Die Kirche scheint in jedem von uns vor allem das neu Aufkeimende zu hüten. Sie hütet aktiv, sie bewahrt nicht passiv. Und diese unverwüstliche Jugend scheint uns aus der Kirche nur dazu zu leuchten, damit das Testament Jesu Christi in ihr erstrahle.

Bevor er die Seinen verließ, hat Jesus Christus den Inbegriff seiner ganzen Lehre in Erinnerung gerufen: «Du sollst den Herrn, deinen Gott lieben aus allen deinen Kräften, aus ganzer Seele, aus deinem ganzen Gemüte und deinen Nächsten wie dich selbst um der Liebe Gottes willen.» Das ist ganz einfach und doch recht schwierig.

[7] Im Anhang zur ersten Ausgabe von 1957.

Zwei Bitten hat Jesus noch hinzugefügt: Verherrlicht Gott auf Erden, denn die Menschen sollen mit ihm, dem Lebendigen, wie mit einem lebendigen Gott verkehren. Verkündet allen Menschen und Völkern auf Erden das Evangelium, das Wort und Leben Jesu Christi und die Gewißheit des ewigen Lebens. Auch dies ist einfach und zugleich schwierig.

Dazu wollte Christus wenige Stunden vor dem Prozeß uns etwas hinterlassen, das es uns möglich macht, ihm zu gehorchen. Und damit wir begreifen, welchen Ernst er damit verband, nannte er es *sein* Gebot und sagte zu seinen Freunden, die einmal Christen heißen sollten: «Liebt einander, wie ich euch geliebt habe». Nicht mehr bloß wie Brüder gleichen Blutes, sondern wie Menschen, die am gleichen Leben teilhaben: wie Reben, die verdorren und sterben, sobald sie vom Weinstock getrennt sind.

Von Christus haben wir es gelernt: Wenn du und ich als Christen unsere Einheit zerstören, werden wir Gott und die Menschen schwerlich lieben können. Wäre Liebe unter uns Christen nicht weit mehr als Solidarität, nämlich eine vertiefte Einheit, eine Kommunion, so würden wir vergeblich jene als Brüder zu lieben versuchen, die nicht Christen sind. Und wenn ich dich, den Kommunisten, nicht liebte, wie sollte ich dann alles in meinen Kräften Stehende tun, um dir einen Gott nahe zu bringen, den zu kennen du keine Lust hast?

Und selbst wenn ich dich nicht sehr liebte, ich würde alles mir Mögliche tun, damit du erfahren kannst, was ein Christ glaubt. Denn für mich, für uns, ist das eine Frage der Gerechtigkeit.

Mit dem Papier, das ein Gefangener hinauszuschmuggeln versucht, treibt man keinen Spott; das Papier erlangt sein Gewicht, wenn der Gefangene im Sterben liegt. Noch weniger treibt man damit Spott, falls dieses Papier sein Testament ist.

Wenn nicht jeder Christ an seinem Platz alles tut, damit das Evangelium Christi verkündet wird, so heißt das, ihn berauben, es heißt, Christi Blut rauben, denn um den Preis seines Blutes hat er für die Erde – bis an ihre äußersten Grenzen – für immer – alle Tage bis zum Ende der Welt – mit Macht sein Recht erkauft, das Wort zu ergreifen. Es hieße nicht bloß ihn verraten. Denn seit seinem Prozeß redet er weiter und verkündet sein Evangelium durch Menschen, die dasselbe Leben leben wie er, durch uns, die Christen. Es ist nochmals Jesus Christus, der in ihnen gefangengenommen wird, ihr Prozeß ist nochmals sein Prozeß und ihr Tod nochmals sein Tod.

Alles Sterben, alles Leben, das von Männern und Frauen während Jahrhunderten ihm anheimgegeben worden ist, sagt weiterhin aus, was Christ sein wirklich heißt. Wir würden sie alle verraten, wenn wir dieses Übermaß an Recht auf das Wort nicht nutzen wollten, das wie bei euch mit Gewalt erkauft wird, bei uns allerdings unter der Bedingung, daß die Gewalt sich gegen uns kehrt. Apostolat bedeutet für uns das Recht auf das Wort, selbst wenn wir, wie ihr wißt, in gewissen Fällen das Schweigen reden lassen müssen.

Ja, das heißt Christus Gerechtigkeit widerfahren lassen. Heißt aber auch, euch gerecht werden. Marx hat gesagt: «Das Leiden entspringt den Gegensätzen». Nur einer, der als Erwachsener vom Atheisten zum Gläubigen oder vom Gläubigen zum Atheisten geworden ist, kann, wenn er will, ermessen, was für einen Reichtum der Glaube schon in diesem Leben für den Christen bedeutet. Doch den allergrößten Schatz unter seinen Reichtümern vermag der Christ euch nicht zu schenken. Wenn Gott erlaubt, daß Herzen verriegelt oder aufgebrochen werden, so gibt er doch keinem das Recht, in die Herzen einzudringen und dort als wahr geglaubt zu werden. Es bleibt uns aber das bescheidene Vermögen, an dem Erweis zu arbeiten, daß Gott nicht absurd ist, und zu bezeugen, daß es Menschen gibt, die auch ohne religiösen Glauben überzeugt sind, daß die Existenz eines Gottes die angemessenste Antwort der Vernunft auf die großen Lebensfragen ist. Seht, mit einem möglichen Gott erhält alles für uns einen möglichen Wert. Eine Welt aber, wo Gott nicht mehr möglich wäre, wird für uns zu einer Welt des Unglücks, wo sämtliche Güter ihr Möglichsein einbüßen, da sie nicht mehr mit einem großen «Vielleicht» Gottes in Beziehung stehen.

Mit Gott wäre zwar nicht alles zwischen euch und uns geklärt. Aber ohne Gott behalten wir – und daran können wir uns nicht gewöhnen – trotz aller Zuneigung und Zärtlichkeit, trotz der gemeinsamen Arbeit, ein Glück für uns, das von uns weitergegeben werden sollte, aber verschmäht wurde. Es gibt in uns eine Freude, in der wir allein wohnen müssen. Bevor ich das jedoch hinnehme, werde ich euch immer wieder fragen: «Weißt du wirklich, was das *existiert nicht* heißt? Weißt du wirklich, was *existiert* heißt?»

Als ich nicht an Gott glaubte, wurde mir immer deutlicher – mit dieser Bestandsaufnahme hatte ich begonnen, als ich fast sechzehn war –, daß die Welt und die Geschichte, unsere Welt und unsere Geschichte die unheilvollste Farce waren, die man sich vorstellen kann. Doch selbst hundert noch verzweifeltere Welten hätten mich keinen Schritt weiter bewegen können, falls mir ein religiöser Glaube als tröstliche Hoffnung angeboten worden wäre. Ich war viel zu stolz auf die intellektuellen Fähigkeiten des Menschen, um in einer «Wette» klein beizugeben. Wetten und sich selbst als Einsatz wählen, das war für mich eine der großen menschlichen Kapitulationen im stärksten Sinn des Wortes. Seither habe ich dieses Urteil nuanciert, denn ich stellte fest, daß Menschen, die «Wetten» für ein ewiges Leben eingehen, zumeist eine wissenschaftliche Veranlagung oder Ausbildung haben. Zweifellos kannten oder erahnten sie die Bedeutung der Intuition und der Hypothese bei experimentellen Forschungen besser als ich. Erfindung kommt für sie weniger von schöpferischer, denn von intuitiver Einbildungskraft. Letztlich war Pascal als Urheber der «Wette» vielleicht mehr ein Mann der Wissenschaft als ein Philosoph...

Unabhängig davon, ob der Glaube bloß unser Denken oder auch unser Handeln bestimmt, läßt er sich jedenfalls nicht mit dem Idealismus in Einklang bringen. Vielleicht stand ich dem Glauben schon näher als ich meinte. Zunehmend verlangte ich von meiner Aufmerksamkeit dem Wirklichen gegenüber eine fortgesetzte Anstrengung des Bedenkens und des Urteilens.

Diese Art elementarer Methode bei der Suche nach Antworten auf die Lebensfragen ließ mich meine Grundfrage: «Wie läßt sich die Inexistenz eines Gottes bestätigen?» dahingehend ändern: «Gibt es einen Gott?» Zwischen diesen beiden Fragestellungen hatte sich jedoch etwas ereignet: Ich war mehreren Christen begegnet, die weder älter, noch dümmer, noch idealistischer waren als ich, die vielmehr dasselbe Leben wie ich lebten und ebensoviel wie ich diskutierten und tanzten. Sie hatten mir sogar einiges voraus: Sie arbeiteten mehr als ich, hatten eine wissenschaftliche und technische Ausbildung, die mir fehlte, politische Überzeugungen, die ich weder hatte noch praktizierte.

Diese Kameraden waren also damals ein *Faktum* meiner Wirklichkeit, das ich wie die übrigen Fakten zu beobachten, zu beurteilen und einzusetzen hatte. Doch das *Faktum* stand zu jener Zeit im Widerspruch mit den Überlegungen, zu denen ich gelangt war: Gott im 20. Jahrhundert war absurd und mit der gesunden Vernunft sowohl als religiöser Glaube wie als philosophische Hypothese unvereinbar, er war unannehmbar, da nicht einzuordnen.

Bisher hatte ich nur sehr wenige Christen in meiner Nähe gehabt. Ihre Religion erschien mir wie ein Sozialverhalten, das behandelt und eingestuft werden mußte wie andere – indifferente oder tragische – «Sitten und Gebräuche». Sie bereiteten keine der Probleme, wie etwa ein Glaube sie stellt. Meine Kameraden hingegen befaßten sich brutal und *ausschließlich* mit den Schwierigkeiten, die ein Glaube verursacht. Ja, sie bewegten sich frei in all dem für mich Wirklichen, doch brachten sie etwas mit, das ich wohl als «ihr Wirkliches» bezeichnen mußte, und was für ein Wirkliches! Sie redeten über alles, aber auch über Gott, der ihnen unentbehrlich zu sein schien wie die Luft. Sie verkehrten ungezwungen mit jedermann, doch mischten sie in alle Diskussionen, Pläne und Erinnerungen mit einer Unverfrorenheit, für die sie sich manchmal sogar entschuldigen mußten, Worte, «Ideen», Richtigstellungen Jesu Christi. Hätten sie Christus einen Stuhl hingeschoben, er wäre nicht lebendiger gegenwärtig gewesen. Ja, sie arbeiteten, vergnügten und ärgerten sich wie jedermann, alles das war für sie völlig existent. Doch waren sie ebenso interessiert an dem, was wie der große Wandel ihrer Lebenssituation und die Vereinigung mit diesem Gott erschien, den zu sehen sie schon im vorhinein so sehr beglückte.

Bei den häufigen Begegnungen mit ihnen über mehrere Monate konnte ich ehrlicherweise, wenn auch nicht ihren Gott, so doch *Gott* nicht mehr im Absurden lassen. Damals hat sich meine

Frage gewandelt. Damals änderte ich auch, was ich, um meinem Anti-Idealismus treu zu bleiben, für ein Detail in meiner Lebenshaltung hielt. Wenn ich aufrichtig sein wollte, so konnte ich einen Gott, den es möglicherweise gab, nicht behandeln, als sei er mit Gewißheit inexistent. Ich wählte das, was mir den Wandel meiner Perspektive am besten auszudrücken schien: Ich entschloß mich zu beten. Die gewöhnliche Lebenserfahrung dieser wenigen Monate hatte mich übrigens eines Tages auf diese Idee gebracht, als nämlich bei irgendeiner lauten Auseinandersetzung Teresa von Avila und ihr Wort erwähnt wurde: jeden Tag fünf Minuten still an Gott zu denken.

Vom ersten Mal an betete ich kniend, erst noch aus Furcht vor dem Idealismus. Ich tat es an jenem Tag und an vielen anderen Tagen, ohne auf die Uhr zu blicken. Seitdem habe ich lesend und nachdenkend Gott gefunden. Aber betend habe ich *geglaubt*, daß Gott mich gefunden hat, daß er die lebendige Wahrheit ist, die man lieben kann, wie man eine Person liebt.

Diese umsonst empfangene Wahrheit erhielt ich umsonst – ich schulde sie Gott, der sie mir geschenkt hat, und ich schulde sie den Menschen, denn Menschen haben mir geholfen, der Wahrheit zu begegnen, sie für möglich zu halten, mir die ersten Worte von dem, was sie ist, anzueignen.

Für alle Christen sind es dieselben Worte, selbst wenn die Dinge sich anders gestalten. Es besteht eine gleiche Schuldigkeit für alle: Das einzige absolute Glück des Menschen zu verkünden, das alle anderen Glückseligkeiten relativiert und doch mehrt – Gott. Wenn unsere Bruderliebe sich nicht so weit spannt, so bleibt sie kraftlos: Gott gegenüber, den wir über alles und mit unserem ganzen Selbst lieben sollen, und unserem Nächsten gegenüber, den wir um Gottes willen lieben sollen wie uns selbst. Die apostolische Liebe ist ein Werk der Gerechtigkeit.

Ivry-sur-Seine, den 8. März 1957

II.
Christlicher Glaube und Marxismus[8]

Um Mißverständnisse zu vermeiden, möchte ich zunächst klären, in welchem Sinne ich das Wort Erfahrung verwende. Nicht im Sinne von «Erfahrung haben». Es geht keineswegs um erworbene Rezepte, um ein Kapital von Ansichten, um eine eingefahrene Technik.

Ich verwende es auch nicht im Sinne einer «experimentell erworbenen Erfahrung». Wenn ich unterwegs Dinge entdeckt habe, die ich nicht wußte, so habe ich doch nicht gelebt, um zu lernen, ich habe gelebt, um zu leben. Der Ausdruck, der dem, was ich sagen möchte, am nächsten kommt, ist: «die Erfahrung eines Klimas, eines Landes, einer Arbeit haben». Was ich Ihnen sagen möchte, entspricht etwa dem, was ein Mensch sagen würde, der lange in Afrika gelebt hat, ein Mensch, der weder Arzt noch Wirtschaftsexperte, weder Architekt noch Philologe wäre, sondern einfach einer, der an die lokalen Lebensbedingungen so gewohnt ist, daß sie ihn nicht übermäßig strapazieren noch zu künstlichen Diäten zwingen, selbst in einer als ungesund bekannten Gegend.

Nach einer verbreiteten Meinung soll die kommunistische Luft für Christen gefährlich sein. Ich möchte einfach erklären, weshalb mir das nicht zuzutreffen scheint.

– Daß Christen im kommunistischen Milieu nicht standzuhalten vermochten, ist für keinen mehr ein Geheimnis. Daß eine Kontaktnahme mit Kommunisten das scheinbar gefestigte christliche Leben vieler stark mitgenommen hat und dies für die eigent-

[8] Notizen zu einer Studientagung der Équipes enseignantes über den Marxismus (1960).

liche Ursache des gestörten Gleichgewichts in den Arbeitermilieus gehalten wird, für Gleichgewichtsstörungen, die meist dann auftreten, wenn man sich der apostolischen Aufgabe bewußt wird, dann aber das Thema umgeht, es verdrängt oder bei jeder möglichen und unmöglichen Gelegenheit hochspielt, dies alles gehört bereits zum quasi öffentlichen Bereich.

Doch wenn uns die Nachbarschaft des Kommunismus – vor dieser Hiobsbotschaft – fast harmlos erschien, so hat sich danach, zu ihren Gunsten und darin begründet, die Meinung gebildet, ein normales christliches Leben unter Kommunisten sei gleichsam Erschlaffungen und Unfällen ausgesetzt, die sich nur mit aufwendigen Mitteln und unter außerordentlichen Vorsichtsmaßnahmen vermeiden ließen.

Eine solche Ansicht scheint von so wenig Glauben an den Glauben zu zeugen, scheint soviel Entschlossenheit im vorhinein fruchtlos zu machen, jeglicher Hoffnung so abträglich zu sein, daß es zur echten Pflicht wird, gegensätzliche, von denselben Tatsachen ausgehende Meinungen vorzulegen, die es verhindern, im Pessimismus zu enden.

Ich bin mit diesem Pessimismus nicht einverstanden. Ziel dieser Ausführungen ist es, Ihnen recht bruchstückhaft zu erklären, weshalb.

Persönliche Überzeugungen für heute
Der Glaube als zeitlicher Einsatz und das Marxist-Werden

Mehr als jede andere Zeit ist die unsere eine Zeit des Unmittelbaren: Sogleich handeln, ohne Verzug.

Frühere Bewertungen von Glaubensakten gelten nicht mehr für unsere Zeit. Sie sind falsch. Sie verfälschen.

Nicht der Glaube hindert uns, mit den Ereignissen und Umständen im Gleichtakt zu sein, denn der ganze Glaube ist uns auf das ewige Leben hin geschenkt, der ganze Glaube ist in die Zeit hineingegeben, für die Zeit – in unsere Zeit – für unsere Zeit.

Der Glaube ist im Grunde der Einsatz des ewigen Lebens im Zeitlichen: Wenn die zeitlichen Verpflichtungen, die wir im Namen des Glaubens eingehen, oft frucht- und glücklos bleiben, dann nicht, weil sie dem Zeitlichen zu sehr verpflichtet sind, sondern weil sie es nicht tief genug sind, weil sie zeitlichen Dingen einen falschen Wert zumessen, den Wert, der nur ewigen Dingen zukommt.

Heute realistisch glauben heißt rasch glauben, fähig sein, den Glauben im beschleunigten Tempo der Verhältnisse einzusetzen.

Es geht nicht darum, dem Glauben etwas hinzuzufügen: Die Reflexe des Fußgängers jeglichen Alters und die des Automobilisten unterscheiden sich. Es geht nicht um einen anderen menschlichen Leib.

Um diesen raschen Realismus des Glaubens zu haben, müssen wir unsere Aprioris ändern: von dem Apriori des Unbeweglichen, Statischen zu einem Apriori der Behendigkeit. Was nicht den Grundorganismus des christlichen Lebens ablehnen oder geringschätzen heißt, um sich dann auf jene Reflexe festlegen zu lassen. Ganz im Gegenteil, auf das wesentliche Gleichgewicht des christlichen Lebens ist zu achten, das allein präzise und rasche Reaktionen erlaubt.

Die absurde Folgerung, zu der die oben erwähnte pessimistische Meinung neigt, hat mich lange Zeit empört, vor allem, weil ich die Kommunisten liebe und mit ihnen teilen möchte, was mir lieb ist.

Diese Meinung irritiert mich auch heute, doch aus einem anderen Grunde: auf der Ebene der schlichten Wahrheit.

Ich kenne nicht nur Kommunisten und bin überzeugt, daß wir in den normalen Beziehungen zu unserem Nächsten, wer immer er sei, die normalen Bedingungen finden, uns im Glauben zu festigen und zu entwickeln.

Was ich aber ebenso und zunehmend weiß: Selbst wenn unbekannte Nächste mir Gelegenheiten, ja sogar mir nicht bewußte Gelegenheiten geboten hätten, besser und tiefer zu glauben, so bin ich noch sehr weit davon entfernt, die konkreten Lektionen, die mir die Vorsehung gerade innerhalb meiner Beziehungen zu den Kommunisten geschenkt hat, zu Ende gelebt und ausgeschöpft zu haben.

III.
Für Jugendliche: Christliche Fragen zum Kommunismus[9]

In der heutigen Welt, in der unmittelbaren Vergangenheit, ist die Endung «...ismus» häufig, allgegenwärtig und laut: Maschinismus, Kapitalismus, Sozialismus, Nazismus, Faschismus, Gaullismus usf.

Unter allen diesen «Ismen» hält einer einen vorrangigen Platz, und sein Vorrang ist von Dauer. Während die übrigen Begriffe in den Zeitungen kommen und gehen, behauptet er den Platz: Ich spreche vom Kommunismus. Er hat sogar einen anderen «Ismus», den andere Bewegungen für sich beanspruchen, in sich aufgenommen, annektiert: den Marxismus.

Warum hat er dieses Gewicht, diese Starrolle? Warum dieses dauernde Interesse, das er in der ganzen Welt auslöst?

– Weil er unaufhörlich eine Angst erzeugt, eine Angst, die in allen Gegenden der Erde bei gewissen Leuten besteht.

– Weil er unaufhörlich eine Erwartung weckt, eine Erwartung, die bei vielen Leuten in allen Teilen der Welt besteht.

Warum diese Angst, warum diese Erwartung?

– Weil der Kommunismus eine ideologische Doktrin ist und ebensosehr ein System des Handelns.

– Der Kommunismus hat nicht nur Überzeugungen vorzustellen, die er eintrichtert, er richtet sich auf ein Ziel hin aus und verfolgt es. Charakteristisch für dieses Ziel ist die Neugestaltung der Lebensweise, und zwar nicht nur bezogen auf die Lebensweise eines bestimmten Volkes, eines Berufsstandes oder einer sozialen

[9] Notizen zu einem Gespräch mit Jugendlichen (1959).

Klasse, sondern als universale Neugestaltung der Lebensweise aller Völker und Menschen.

Unter den Menschen, die hier oder anderswo unter einer Lebensweise leiden, befinden sich die Leute, die ihre Erwartungen auf den Kommunismus setzen.

Unter den Menschen, die hier oder anderswo aus einer Lebensweise ihren Vorteil ziehen, befinden sich die Leute, die sich vor dem Kommunismus fürchten.

Diese Angst und diese Erwartung haben eine bemerkenswerte Weite und Schärfe. Warum?

– Weil das Phänomen des Kommunismus in seinem Ausmaß wie in seiner Stoßkraft die üblichen sozialen Phänomene übertrifft.

– Weil er nicht bloß Ursache von Angst oder Erwartung ist, sondern von neuer Beunruhigung und von neuem Interesse. Dies aufgrund seiner Aktionsmethoden, die den Leuten, die auf ihn hoffen, den Kommunismus zum Kameraden machen, ihn aber für diejenigen, die sich vor ihm fürchten, völlig fremd werden lassen.

Seine Dimensionen: Schaut euch eine Weltkarte an, seht die Ausdehnung der Länder, die unter kommunistischer Herrschaft oder Kontrolle stehen; – meines Erachtens ist es die Hälfte der Erde, ja vielleicht noch mehr, falls man nach der Bevölkerungsdichte rechnet – und außer diesen offiziell als kommunistisch erklärten Ländern gibt es die interne Infiltration in anderen Ländern. Im Westen z.B. versammelt die kommunistische Partei Italiens zwei Drittel, so schätze ich, der Kommunisten des nicht von der kommunistischen Partei regierten Europas.

Seine rasche Ausbreitung: Lenin hat dem Marxismus die Dynamik des Handelns vermittelt. Wäre Lenin nicht mit vierundfünfzig Jahren gestorben, dann wäre er heute ein alter Mann, immerhin noch nicht unter den Ältesten unserer Umgebung. Doch als Lenin, verfolgt und verbannt, heimlich die Lehre und das Aktionssystem des Kommunismus verbreitete, war Rußland noch das Reich der Zaren!

Betrachtet mit mir diese beiden Karten, fünfzig Jahre liegen dazwischen...

Seine Aktionsmethoden: auch wenn die Parteipropaganda aus fremden Ländern stammt, sie befaßt sich mit den universalen Bedürfnissen, Sehnsüchten und Protesten, nämlich den Bedürfnissen, Sehnsüchten und Protesten proletarischer Massen, die, wo immer ihre Heimat liegt, in ihrer Klasse und in dem, was diese erleidet und will, etwas wie eine neue Heimat zu finden scheinen.

Diese Angst wird aber auch durch die Art der Mittel verursacht, die im Kommunismus Verwendung finden:
– mehr oder weniger heimliche Organisationen,
– soziale Aufwiegelung,
– Gewalt, vom Streik bis zur Revolution.

... Den Fragen, die ihr mir gestellt habt, füge ich noch eine hinzu. Mit meiner Antwort darauf bedenke ich die euren.

Ihr, die ihr jetzt, 1959, zwanzig Jahre alt seid oder etwas älter oder jünger, ihr habt für eure zwanzig Jahre aus diesem neben euch existierenden Faktum, dem Kommunismus, eine Lehre gezogen: Denn für alle heutigen Menschen stellt der Kommunismus einen ungeheuren Anschauungsunterricht dar. Wenn einer aus dieser Lektion nichts lernt, mag er zwanzig oder siebzig sein, so ist er kein Mensch, ist bloß kindischer Dinge fähig.

Wäre ich zwanzig, so wäre es dies, was mich das Faktum des Kommunismus lehren würde. Ich bin nicht mehr zwanzig, doch hat er mir ganz ähnliche Dinge beigebracht. Dies sind nicht bloß Worte, das sind vielmehr Dinge, die mir am Herzen liegen.

a) Es ist unmenschlich, die Welt so hinzunehmen, wie sie ist.

Für alle ist die Erde die «Erde der Menschen».

Es ist unchristlich:

Für die Christen ist die Erde eine Gabe Gottes. Gott hat sich nicht damit abgefunden, daß die Erde für die Menschen schlecht ist. Hätte sich Gott damit abgefunden, so wäre Jesus Christus nicht gekommen, es gäbe weder Weihnacht, noch Kreuz noch Ostern.

Die Kommunisten sind Leute, die für die Menschen vermeidbare Unterdrückungen, vermeidbares Elend, vermeidbare Demütigungen, vermeidbare Schmerzen abschaffen wollen. Wenn sie sich einsetzen, wenn sie kämpfen und töten, so aus diesem Grund.

Sie gelangen zu anderen Formen von Unterdrückung, von Elend, zu anderen Demütigungen und Schmerzen. *Ich weiß das.*

Aber ich weiß, daß ihre Absicht, ihre persönliche Absicht, die persönliche Absicht vieler unter ihnen dahin geht, daß Menschen nicht länger erdulden sollen, was sie nicht mehr erdulden können.

Ein Mensch, der das nicht will, hat der überhaupt noch ein Recht, der Menschheitsfamilie anzugehören? – Doch für einen Christen hat dies ein noch weit schwereres Gewicht.

Christus hat sich nicht damit abgefunden, daß Menschen nackt, obdach- und heimatlos und der Freiheit beraubt sind, daß sie in Gefängnissen sitzen, krank sind und verachtet.

Und Christus hat gesagt, daß die Allerunglücklichsten jene sind, die Nackte nackt, Hungrige hungrig, Kranke einsam, Heimatlose ausgestoßen lassen, die von ihnen Zugrundegerichteten zugrundegerichtet liegen lassen.

Es ist ein doppeltes Unglück, und der Christ hat kein Recht, sich damit abzufinden: weder mit dem Unglück der Unglücklichen noch mit dem Unglück derjenigen, die andere unglücklich machen, derjenigen nämlich, die der Glaube als Sünder bezeichnet.

Was der Kommunismus uns lehrt, euch, die ihr zwanzig seid, wie mich, die ich fünfzig bin: daß das Unglück der anderen zu uns aufschreit.

Was der Kommunismus uns durch sein verblüffendes Wachstum sagt, ist:

«Was hast du mit deinem Bruder gemacht?»

«Was hast du *für* deinen Bruder getan?»

b) Der Preis des Lebens. Es ist Mode, eure Generation als eine Art Naturphänomen zu betrachten, weil vielen von euch «das Leben schnuppe ist».

Was sie nicht ernstnehmen können, ist das, was man «sein Leben leben» nennt. Sie haben recht, sein Leben leben wirkt erstickend.

Das Leben ist da, um aufgesprengt zu werden, um vorzustoßen, sich hinzugeben. Behält man es für sich, so würgt man es ab. Das Leben ist etwas Unheilvolles, wenn es sich für sich behält – etwas Herrliches aber, sobald es sich hingibt.

Ein Leben, das man nicht besitzen will, ein Leben, das man hingibt, damit die Welt vor und nach unserem Leben nicht mehr genau die gleiche sei, ein solches Leben wirkt Wunder, ... selbst wenn man nicht an Gott glaubt. Wir, die wir an ihn glauben, sind wir etwa weniger fähig, Wunder zu wirken, als ein Lenin oder Mao...

Und wenn wir glauben, ohne unser Leben hinzugeben, sind wir unfruchtbare Körner.

Mit diesen Worten will ich euch nicht sagen:

«Macht euch auf mit Dr. Schweitzer ... werdet Mitglied irgendeiner politischen Partei ... schließt euch Abbé Pierre an...» – Nein, heiratet, dreht Filme, seid Stewardess oder Mannequin, Professor oder Handlanger – das ist nicht so besonders wichtig.

Doch der Mensch, den ihr lieben, dem ihr euch hingeben werdet, er soll nicht in sich selbst verschlossen sein, damit ihr mit ihm zusammen die Welt ein wenig verändert. Damit euer Tag, eure Woche, euer Jahr, euer ganzes Dasein sich nicht auf die Lohntüte konzentriert und darauf, was sie verschafft, sondern auf das, was ihr anderen schenken, für andere verändern könnt.

Sagt also nicht: «Was vermag ich schon?» Lenin... Mao...

Bücher von Madeleine Delbrêl

(Mit Ausnahme von *Ville marxiste* sind die hier aufgeführten Werke postum veröffentlichte Textsammlungen)

Ville marxiste, Terre de mission. Editions du Cerf, Paris 1957, ^{2}1970, 235 S.; Neuausgabe, Desclée de Brouwer, Paris 1995, 276 S.

Christ in einer marxistischen Stadt. Gekürzte Übertragung von Hermann Josef Bormann, Einführung von Victor Conzemius, Verlag Josef Knecht, Frankfurt a.M. 1974.

Auftrag des Christen in einer Welt ohne Gott. Vollständige und überarbeitete Neuausgabe, Johannes Verlag Einsiedeln, Freiburg 2000, 204 S.

Nous autres, gens des rues. Textes missionnaires. Einleitung von Jacques Loew, Nachwort von Louis Augros, Editions du Seuil, Paris 1966, 336 S., Neuauflage 1971.

Wir Nachbarn der Kommunisten. Diagnosen. Übertragung und Vorwort von Hans Urs von Balthasar, Johannes Verlag, Einsiedeln 1975.

La joie de croire. Vorwort von Jean Guéguen, Einführung von Guy Lafon, Editions du Seuil, Paris 1968, 272 S.

Gebet in einem weltlichen Leben. Auswahl, Vorwort und Übertragung von Hans Urs von Balthasar, Johannes Verlag, Einsiedeln 1974, Freiburg ^{5}1993.

Communautés selon l'Evangile. Vorwort von Guy Lafon, Éditions du Seuil, Paris 1973, 189 S.

Frei für Gott. Über Laien-Gemeinschaften in der Welt. Übertragung und Vorwort von Hans Urs von Balthasar, Johannes Verlag, Einsiedeln 1976, Freiburg ^{2}1991.

Alcide – Guide simple pour simples chrétiens (Auszüge aus *La joie de croire*). Éditions du Seuil, Paris 1980.

Der kleine Mönch. Ein geistliches Notizbüchlein. Übertragung und Zeichnungen von B. Matheis, Herder, Freiburg ^{9}1991.

Indivisible amour. Pensées détachées inédites. Vorwort von Jacques Sommet, Einführung von Christine de Boismarmin, Le Centurion, Paris 1992, 144 S.

Leben gegen den Strom. Denkanstöße einer konsequenten Christin. Übertragen von Katja Boehme, Herder, Freiburg 1992.

Neuausgabe in Vorbereitung, Johannes Verlag Einsiedeln, Freiburg.

Bücher über Madeleine Delbrêl

Boismarmin, Christine de, *Madeleine Delbrêl, Rues des villes chemins de Dieu 1904-1964,* Nouvelle Cité, Paris 1985, 208 S.

Madeleine Delbrêl. Mystikerin der Straße. Übertragen von Mathilde Wiemann, 2. neu bearbeitete Auflage, Verlag Neue Stadt, München 1986, 211 S.

Loew, Jaques, *Vivre l'Evangile avec Madeleine Delbrêl,* Le Centurion, Paris 1994, 132 S.

Coppadoro, Maria Luisa, *Abbagliata da Dio,* Ed. Ancora, Milano 1994, 232 S.

Schleinzer, Annette, *Die Liebe ist unsere einzige Aufgabe. Das Lebenszeugnis von Madeleine Delbrêl,* Schwabenverlag, Ostfildern 1994, 364 S.

Heimbach-Steins, Marianne, *Unterscheidung der Geister – Strukturmoment christlicher Sozialethik. Dargestellt am Werk Madeleine Delbrêls,* Lit (ICS Schriften 31), Münster 1994, 303 S.

Guéguen, Jean, *Petite vie de Madeleine Delbrêl,* Desclée de Brouwer, Paris 1995, 140 S.

Mann, Charles, *A life beyound boundaries,* San Francisco 1995.

Boehme, Katja, *Gott aussäen. Zur Theologie der weltoffenen Spiritualität bei Madeleine Delbrêl,* Echter Verlag (SISSTH 19), Würzburg 1997, 311 S.